INK INK INK INK INK
INK INK INK INK INK INK
INK INK INK INK INK
INK INK INK INK INK INK
INK INK INK INK INK
INK INK INK INK INK INK
INK INK INK INK INK
INK INK INK INK INK INK
INK INK INK INK INK
INK INK INK INK INK INK
INK INK INK INK INK
INK INK INK INK INK INK
INK INK INK INK INK
INK INK INK INK INK INK
INK INK INK INK INK
INK INK INK INK INK INK
INK INK INK INK INK
INK INK INK INK INK INK
INK INK INK INK INK
INK INK INK INK INK INK
INK INK INK INK INK
INK INK INK INK INK INK
INK INK INK INK INK

約瑟夫・墨菲 著
Joseph Murphy

柯乃瑜 崔宏立 譯

潛意識的力量 II

職場篇

Putting ***the power of your subconscious mind*** *to work*

reach new levels of career success using the power of your subconscious mind

第二部　取得他人的合作與支持

引言

了解潛意識的力量

無論你的意識心智認定並相信何者爲眞，你的潛意識心智也會接受並實現它。相信好運、相信神聖指引、相信正確的行動以及所有生命的祝福。你是自己靈魂（潛意識心智）的首領，是自身命運的主人。記住，你有選擇的能力。選擇生命！選擇愛情！選擇健康！選擇幸福！

職業生涯是否讓你不快樂？升遷是否明顯因缺乏機會而受阻？想要成功達成目標嗎？你不必受限於固執的上司或官僚制度，更無須仰賴運氣或偶然。你自己便握有能力主導自己的職業生涯。

你擁有改變潛意識心智的能力

我們所能實現或無法實現的一切，都直接取決於我們的思維。弱點與長處、純潔與不潔，也都是自己的。僅有我們能改變自己，他人絕無辦法。我們的快樂與痛苦也都由內而發。我們思故我們在，持續思考則持續存在。

當然，有些事情你無法改變：星球的轉動，季節的轉換，海洋與潮汐的拉力，以及明顯可見的日出日落。但是你能改變你自己，更新腦袋便能脫胎換骨，這是改善職業生涯的關鍵。你的腦袋是錄音機，所有由意識接受的信念、印象、看法及想法都會更深刻地印記在潛意識裡。學習引導潛意識心智，就能掌控職業生涯。

是的，你擁有改變潛意識心智的能力。首先，大張旗鼓地吸收崇高的思考模式。想著美、愛、和平、智慧及有創意的想法。你的潛意識心智會跟著反應，改變你的心態、身體以及周遭的生活情況。

應用於職業生涯升遷更是如此。太多人因爲害怕而阻礙了職涯發展：害怕讓老闆不開心，害怕升遷過程中的競爭對手，害怕陷入官僚僵局。是的，這些害怕都有可能影響職業生涯，端視你是否受它影響。

只要對自己的能力有信心，有效率地達成公司的目標，就能運用潛意識的力量克服所有困難。

某大型法律事務所僱用聰明年輕的律師朱爾時，他發現有十幾位年輕律師與他同爲升遷的競爭對手。他們都很有能力，同樣野心勃勃，多數同事都對於長時間負責例行雜事，而非從事他們眞正有興趣的法律工作而不停抱怨。雖然朱爾也同樣感到挫敗，但他運用潛意識的力量，告訴自己：「沒錯，這些工作無聊又害人腦力退化，但想出頭就要付出這樣的代價。我會做好這些工作，不僅是用我的腦袋，也用我的心。就像我對付法學院最困難的作業那樣用心。」沒多久老闆就發現他比其他人優秀，開始指派更重要的案子給他，讓他遠遠超前其他競爭對手。

心理學家與精神科醫生均表示，思緒傳遞到潛意識心智後，就會在腦細胞裡留下印記。一旦潛意識心智接受了某種想法，就會立即付諸實行。藉由串連想法，運用你畢生蒐集的所有知識達成其目標。利用你內在無窮的力量、能量與智慧，組織所有自然法則來達到目的。有時候似乎能立即解決問題，但多數時候則得要花上數天、數個星期，甚至更久。

潛意識依思緒照單全收

你的潛意識心智就像土壤，能接受任何想法：無論好或壞。你的思緒是主動的，而且可能會發芽。消極與毀滅性的思緒會持續腐化潛意識，遲早會化成相對應的行動。要記住，潛意識心智不會去求證該念頭是好是壞，是實是虛，卻會隨著你的思緒本質或暗示而反應。

舉例來說，若你有意識地認爲某件事爲眞，即便可能爲假，你的潛意識心智也會接受該事件爲眞，進而導致若此事爲眞所必然會有的結果。潛意識心智不會反駁你，因此，若下錯暗示，潛意識心智也會接受爲眞，進而構成條件、經歷與事件。潛意識心智通常稱爲主觀心智，主觀心智透過五官以外的方法來認知其所處環境。

主觀心智以直覺感受，是情感的基座與儲存記憶之處。主觀心智會在客觀心智暫停作業或昏昏欲睡之際發揮最大效能。主觀心智無須自然視覺便可看見，擁有千里眼與順風耳的能力。

你的意識心智與潛意識心智和諧並和平運作時，結果就是和諧、健康、和平、喜樂與幸福。世上所有邪惡、疼痛、苦難、苦惱、戰爭、犯罪與疾病都源自於意識心智與潛意識心智的不和諧關係。要記住，潛意識無關個人但照單全收。

意識心智的慣性思考會在潛意識心智裡深耕。若你的慣性思考是和諧、和平與積極的，這種慣性思考會對你及你的職業生涯很有幫助。

相反地，若你沉溺於害怕、擔憂與其他多種毀滅性思考，唯一的解藥便是承認潛意識心智是全能的，命令自己擁有自由、幸福、完美的健康與富裕。充滿創意與神力來源的潛意識心智，將會繼續創造你眞切命令的自由與幸福。

機會或意外都不能爲你的職業生涯負責，命中注定也不能決定你的好運、霉運。潛意識心智不在乎你有意識地感受到，或信以爲眞之事究竟是實是虛。選擇眞實、美好、高尙、如神的事物，你的潛意識便會從善如流。

雖然哲學家、神學家及各年代的思想家都知道這件事，還是必須提醒每個世代，讓每位成員都能實現它。

開啓新的人生

約瑟夫・墨菲博士在暢銷著作《潛意識的力量》及其後作品中將此概念綜合。數以千計的男女前來聽他在十多國的佈道與演講，數百萬人收聽他的廣播節目。

墨菲博士將理論轉爲實際應用於人生的方法。他提供絕無廢話的課程，教導大家如何停止譴責自己。你將發現自己可以主張自己想要的面貌，可以擁有想要擁有的，可以做想要做的事，可以活在那樣的精神氛圍裡。這番氛圍會逐漸從意識滲入潛意識，逐漸在你滋養供應的過程中成爲確實的信念。於是你的極限將分解，如浴火鳳凰般自過去之灰燼而起，重獲新生。

你將獲得全新的視野，全新的自我形象，全新的意識。掌管、控制你的是深植內心的信仰與情感上的擁護。主導潛意識心智的念頭或信仰會掌控你的思緒、行爲與反應。若你相信會失敗，就不可能成功，就算一天工作十八個小時，非常勤奮，你還是會失敗，因爲這個念頭主導了你的心智。你相信什麼，就會發生什麼事。這就是心智的學問。

你將學會如何期待最好的，盼望最美好的未來，相信一切是可能的。有了這番新的自我形象，你將體驗實現夢想的喜樂與興奮，你將學習如何把這些原則應用於工作與職業生涯的發展與升遷。

雖然此書內容主要出自於墨菲博士的作品，其中也增加了額外的資訊與案例，以闡明其訊息對二十一世紀讀者有多重要。

身爲牧師，墨菲博士的諸多建議都基於他對上帝的強烈信仰。然而，無論你是教徒、不可知論者或無神論者，都能體驗這般無窮智慧在你身上的作用，無需宗教信條。若你願意召喚它，它就會回應你。無關個人，一律平等看待。對信徒來說，這般無窮智慧就是上帝，對其他人來說，可視爲個人內心深處的泉源。你要的話，可稱之爲超人智慧或下意識。

若你有精神、身體或情緒方面的問題會阻礙你的工作發展，問問自己：我想要逃避的是什麼？我不想要面對的是什麼？我是否隱藏了對某些人的憎恨與敵意？面對問題，運用內心深沉的知識解決問題，了解生命原則永遠在尋求療癒及復原。生命原則是賦予我們生命力的核心動力，絕不譴責，絕不懲罰，絕不批判，它不具備這種能力，是你心智的思維、結論及判決在批判自己。要記住，生命原則無法懲罰你，無法批判你，是你在批判自己。你會塑造並改變自己的命運，因爲你的心或潛意識怎麼想，你就是什麼樣的人。

因此，要了解思維是什麼：你會吸引你所感受的，你會成爲你所想像的。若你能這麼做，美好的事物就會出現在你生命裡。因爲只有單一力量，這股力量就在你心裡。你是橋上的指揮官，命令由你下達，潛意識心智會接收你所釋放的印記，進而實現，無論是實是虛。因此，僅接受爲眞之事。

我們的心智混雜了虛假的信仰、念頭及看法，因而難以理解永恆之實。對充滿信心與信念的人下達害怕的暗示無法起任何作用，他們在成功的原則下加深信念與信心，會更加深信無窮力量不會失敗的概念，害怕的暗示只會讓那個人對自身內在的力量更有信心。

心理學家與精神科醫師進行的無數實驗，以及其他針對處於催眠狀態者進行的實驗，皆證明了潛意識心智沒有選擇或比較的能力，也就是推論所需的步驟。

拒絕負面暗示

要知道，意識心智是爲你站崗的哨兵。主要功能就是保護你的潛意識心智不受虛假印象所影響。你現在知道了心智的基本原則：潛意識心智會順從暗示。如你所知，潛意識心智不會比較或對照，也不會推論或爲自己思考，後者功能屬於意識心智。潛意識心智僅順從來自意識心智的印記而反應，不會偏好任何行爲。

要記得，暗示無法將違背意識心智之事強加於潛意識心智。意識心智有能力拒絕任何虛假或負面的暗示。

你必須確保僅給予潛意識心智各種能夠療癒、祝福、提升並激勵自己的暗示。要記得，潛意識心智只聽表面的話，完全按照字面解讀。若你一直說：「這次升遷不會有我，我的收支無法打平。」潛意識就會確保你做不到。

影響潛意識的另一項來源則是他人的暗示。暗示的力量在世界各國、各個年代的人類生活與思維中都有參與。在許多國家，這甚至成了宗教控制的力量，不斷重申「你是罪人」、「惡魔將會對付你」、「死後你會下地獄」等言論以及自然界之事，眞是嚇死人了。

我們從兒時便開始接收諸多負面暗示。積極的暗示當然很好很棒，但負面的暗示則是最具毀滅性的心智反應模式，會造成戰爭、苦難、苦惱、種族與宗教歧視，以及災難。世上的獨裁者、專制君主及暴君都知曉暗示的力量。史達林用過，希特勒用過，賓拉登也用過，用來呼籲人民心中的宗教與種族歧視；在大家情緒激昂之際，下達更多負面暗示，再三對數百萬人重複特定話語。

生活中隨處是負面暗示。經常聽到跟工作與職業生涯有關的：「你做不到」、「你不會有什麼出息的」、「你絕對不可以」、「你會失敗」、「你根本沒機會」、「你完全錯了」、「沒有用」、「重點不是你懂什麼而是你認識誰」、「有什麼用？」、「沒人在乎」、「這麼努力也沒有用」、「你已經太老了」、「情況越來越糟」、「人生就是無止盡的磨練」、「你贏不了的」、「你很快就會被炒魷魚」、「誰都不能相信」。

這些都是對潛意識心智下達的指令，會害你的人生成爲人間煉獄。你會感到挫敗、神經質、卻步。你會不斷出入精神科醫師的診間，因爲你給予自己這些毀滅性的暗示。

透過禱告或睡前進行鼓勵性的沉思，就能駁回種種負面暗示，中和所有毀滅性想法。

你不必受到負面暗示的影響。你若回顧過往，可輕易想起父母、朋友、親戚、老師、上司及神職人員，如何參與推廣這些毀滅性暗示。多數目的都是要控制你或將恐懼注入你心中，你會發現多數暗示都是爲了要讓你按照他人的想法思考、感受或行動，走上對他們有利的路。

控制自己命運讓一切成眞

你不是別人的傀儡。你必須選擇自己的路，通往健全的路，自由的路，道路就在你心中。意識心智決定爲眞之事，潛意識心智就能順從經歷。因此，相信上帝或無窮的智慧會帶領你，正確的行爲掌握至高無上的權力。神聖的法則與秩序管理著你，神聖的和平塡滿了你的靈魂。開始相信這些事情。你無法創造它們，但你能啓動它們，讓它們在你的生命中生效。

爲自己思考。你有控制自己情感的能力。在你的工作及職業生涯中，必須是你來控制自己的命運，而非你的上司或同事。

感受來自天上的鼓勵。由意識心智接受這些事實，潛意識就會讓一切成眞，你會發現自己達成目標不再遭受阻礙，且正朝著你爲自己職業生涯與人生所選的方向前進。

我們必須相信我們能改善自己的人生。長時間相信的信念，無論是實是虛或毫無關係，都會吸收融入我們的心態。除非是相反性質的信念取消該命令，否則遲早都會成形，並以生命的事實、型態、條件、情況或事件呈現或經歷。我們的內心擁有將消極信念轉爲積極信念的力量，並進而改善我們的生活。

（本文作者為本書英文版編輯）

第1部

充分利用
能締造成功事業的個人特質

有些人生而偉大，有些人成就偉大，
有些人的偉大則是憑空而來。

莎士比亞《第十二夜》

雖然有些人是憑空獲得成就，多數時候，想成功就得大張旗鼓。不幸的是，多數人都不認識自己的內在力量，無法脫離不快樂的處境，進而開始攀爬成功的階梯。

我們每個人都有未發揮的潛在力量，正等待啓動。我們可能缺乏自信或自尊；我們可能經常處於擔憂或恐懼的狀態；我們可能在職業生涯中或人生其他方面，遭遇出乎意料及看似難以跨越的阻礙。許多人從事著毫無前途的工作，或者就是很討厭每天起床進入毫無成就感又讓人不悅的工作環境。我們想要改變，卻覺得沒有能力。

你可以改變你的人生。改變的工具就在你身上。你只需要仔細琢磨、善加使用，就能看到結果。

接下來幾章將探討通往成功之路的個人特質，並探討如何藉由引導潛意識心智的力量，加速邁向成功職業生涯的旅程。

第1章

建立並達成目標

你必須付出才能獲得。
只要你的心裡專注於目標、理念與事業，你的深層心智就會支援你。

成功人士都從目標開始。建立目標並努力獲得成就，是通往漫長成功道路的第一步。知道自己的方向，計畫如何到達該處，你的時間、精力與感情都將專注於同一目標，走上正確的道路，達成這些目標。

斷了舵的船或許能持續航行，或許充滿動力永遠前進，卻永遠也到不了任何地方。除非是意外，否則永遠到不了任何港口，就算找到了避風港，船上的貨物也可能不適合當地人民、氣候或條件。船必須要導向特定港口，適合其貨物、有其需求的港口，而且必須穿越晴天、狂風、暴雨及濃霧，穩定地朝該港口前去。

所以，會成功的人絕對不能缺少船舵、隨意於人生大海上漂浮，而是要直接朝向指定港口前進，不僅海面無波、海流風向均配合時如此，面對狂風暴雨的當下亦是，遭受失望的濃霧與反對的迷霧籠罩時更是如此。

從夢想開始

你有夢想嗎？對於未來的幻想。在你的夢裡面，你是否富有？出名？快樂？多數人都會夢想著這般未來，但多數時候那也都只會是個夢。

成功人士也有這些夢想，但是他們會將這些夢想化爲目標，進而化爲現實。他們不是抱著模糊的成功之夢，而是確實可達的目標。愛迪生夢想著由電力點亮黑夜的世界；史蒂芬生夢想著能拉動火車、減少人類與動物之辛苦勞動量的蒸氣引擎；貝多芬夢想著能讓靈魂飛揚的音樂。偉大的演員、藝術家、音樂家與作家夢想的不僅是名聲，而是如何能運用他們的天賦締造成就。

做夢並非這些天才的專利。成功人士皆表示他們的成就起始於一個希望，一個夢想。多年來，男性女性皆表示他們的成就起始於夢想，再化爲目標，進而促成行動計畫，最終則是達成目標。

做夢並非年輕人的專利。擁有新的夢想、化爲新的目標、締造新的成就，永遠不會太遲。

那些接近晚年才擁有夢想的人所創造的成就令人驚歎。班傑明・富蘭克林都超過五十歲了才開始研讀科學與哲學，失明的米爾頓完成曠世詩作《失樂園》時也不只五十歲了。

做夢不受時代偏見與成見的限制。多少年來，女性所能設法成就之事均受限制，她們的職業目標一度僅限於所謂的「女性工作」，連考慮其他職業生涯都需要相當的決心與勇氣。伊蓮・培格斯（Elaine Pagels）便是一個例子，她是普林斯頓大學教授，及靈知派與基督教初期教義著作的暢銷作者。她說自己受教育的年代不鼓勵女孩子考慮認眞投入任何職業生涯。她覺得自己能隨心所欲地追求興趣，最後才發現自己能以此維生。她的夢想就成了目標。

如今，多數職業領域的障礙都消失了。比方說，美國多數法學院、醫學院及其他專業學院的學生人數，超過半數以上都是女性。

一九九〇年代及二〇〇〇年代初期，許多美國公司開始將工作外包至勞工成本低廉許多的國家，此舉造成成千上萬人失去工作。有些人乾脆退休，有些人放棄工作改領救濟金，然後浪費許多年時間抱怨自己的不幸。不過，大多數人改而運用內在資源接受其他領域的工作訓練，多數人得重新開始，領取比前一份工作還低的薪資，但回復精力與熱忱後，又再次開始攀爬通往成功的階梯。

就連智力的重要性都僅次於決心。唯有堅決不讓任何事阻礙他們的人，才能確保成功會伴隨著毅力與堅定而來。

多數讓人覺得生命值得走一遭，解救我們於單調沉悶之中，將我們提升至通俗醜陋之上的種種生命中最愉悅之事，都要感謝我們愛做夢的人。

將夢想化爲目標

不幸的是，太多愛做夢的人就只是愛做夢的人。夢想也僅只是夢想。要讓夢想成眞，你必須將其化爲目標。如此一來，它們便不再是幻想，而是你可當作通往成功之路的地圖地標。你必須爲夢想帶來意義，施以窮盡一切也要讓夢想成眞的決心。

瑞秋・羅伊（Rachel Roy）便是一位擁有夢想，並將其化爲成功目標的女服裝設計師。瑞秋對時尚的熱愛起源於兒時看過的電影，螢幕上女子們穿的衣服似乎讓她們散發了自信與成功的光彩。瑞秋夢想著也能爲自己及其他女性營造同樣的光彩，營造出自信自尊的成熟精練外表。

她與家人每年採購一次上學用品。附近商店裡的服裝選擇無趣得讓她很不開心，她深信自己若有機會必定能設計出更好的款式。母親告訴她那是「採購人員」的工作，這下她的夢想有了名稱：「採購人員」。她說，當下她的夢想就成了她的目標，要擔任時尚領域的採購人員。

她的第一份工作是倉儲人員。她很快便升爲小主管，接著是私人採購員，直至許多店家的設計師。不久她便開始從事時尚設計，即將爬上公司裡的資深職位。

當瑞秋的先生戴蒙・達許（Damon Dash）決定要成立自己的服裝品牌時，她必須做出決定：是否告別自己的成功事業，與戴蒙攜手重新開始。她選擇重新開始，將自己完全投入這份工作，盡她所能竭力付出，盡可能地參與這份事業的各方面工作，她想成為無可取代的人。大約六年後，正當她要在公司內推出新的品牌，戴蒙卻將公司賣了。這個時候，瑞秋已有信心能自己經營事業，於是成立了她自己的公司。她的設計廣受業界好評，如今她可說是時尚界的頂尖設計師。

許願的人與實際行動的人之間有著無盡的距離。瑞秋・羅伊不僅是愛做夢的人及許願的人。她將夢想化為目標，並努力達成她的目標。

你的祕密武器：你的潛意識心智

我們的潛意識心智擁有無比的力量，能為我們塑造期待的習慣，相信我們將會實現理想，夢想將會成眞。

期待你的未來會充滿一切美好事物，期待自己將會富裕快樂，期待自己擁有幸福的家庭、美麗的房子、成功的事業且占有一席之地，光是這種期待的習慣就足以作為開展人生最好的資本。

你必須永遠想著要表達最理想的情況。你的潛意識會回應你人生中所希望能實現的一切，無論是健壯的身體，高貴的人格或卓越的職業生涯，也會帶來結果。若你盡可能栩栩如生地想像這些結果，盡你所能地實現一切，實現的可能性會比不去想像還要來得高。

然而，唯有將欲望化爲決心才有成效。欲望結合極力想實現的決心便能產生創造力，是渴求與盼望一同努力締造的成果。

若你希望自己能在某方面改善，要盡可能栩栩如生、頑強地想像其品質，並按照你的夢想幻想出最理想的畫面。堅持這般心智，直到你感覺夢想開始起飛，在生命中實現。你生來就是要贏，要戰勝，要過著歡欣鼓舞的人生。你在所選擇的工作，人際關係以及人生各階段都該大放異彩。

你給予潛意識的指令越清楚，潛意識就越能協助你。你的內在心智遵從指令的方式，正如同駕馭掌控油輪引擎的水手，遵從船長於甲板上發號的施令一般。用語精準無誤，船員便會著手將船轉向指定的方向，或完全按照指示加速。

但若身爲船長的你都不確定自己要什麼，你的潛意識心智接受的訊息也不會清楚，你的船也會走上隨機、偶然或迴圈的航道。

你必須告訴潛意識你到底要什麼，你必須引導潛意識協助你達成目標。當你知道自己眞正渴望的是什麼，你的潛意識心智就會準確地驅動你朝該方向邁進。但潛意識心智必須知道你是眞心、熱情且毫不動搖地渴求這個目標，而且你絕對不會爲了其他衝突或相違背的願望、觀念，及短暫掠過腦海的迷戀而放棄它。如此一來，你就成了積極思考的人，也準備好達到目標了。

相信，就能實現你的目標

繁榮富裕得從你的心智開始，若你的心態對其抱持敵對態度也不可能達成目標。朝著目標努力，內心卻預期其他結果的下場是致命的，因爲一切都得先在內心塑造完成，而且一定會遵循這般心智模式。

如果你內心預期或半是預期自己會繼續窮下去，就不可能眞正地繁榮富裕。我們預期什麼往往就會得到什麼，而預期自己什麼都沒有便什麼也不會得到。

若你踏出的每一步伐都是朝向失敗，又怎麼能希望自己抵達成功的目標？面朝錯的方向，朝向黑暗、憂鬱、希望渺茫的前景，就算可能是朝反方向努力也會扼殺所有奮鬥的結果。

思維如磁鐵般會吸引相似之物。若你滿心只想著貧窮與疾病，它便會爲你帶來貧窮與疾病。絕對不可能產生與你心智所想的相反之物，因爲你的心理態度便植入你的人生模式，所有成就都得先從心理開始。

對於失敗、害怕缺乏及可能丟臉的恐懼，讓許許多多的人無法獲得他們最想要的東西，對於成功所必須擁有的效率、創意感到擔憂與焦慮，因而吸乾他們的生命力，置他們於無用武之地。

成爲樂觀的人。養成從積極的角度看待一切的習慣，那是光明、充滿希望、信念與自信的角度，避免從懷疑與不確定的角度來看待人生。養成相信最好的正要發生的習慣，正義絕對會勝利。相信真理最終會戰勝錯誤，和諧與健康是現實，爭吵與疾病的出現都只是現實暫時缺席而已。這就是樂觀者的態度，憑之最終將革新世界。

分析自我

全世界只有一個人能將你導上成功之路，那個人就是你。

在你能決定自己該從什麼目標開始這趟旅途前，你必須先評估自己。深入搜尋你的心智，從潛意識裡尋找人生中真正想要的是什麼，也尋找自己擁有什麼樣的資產能帶領你達到目標。

你必須要很實際。你設想的目標也許看來很令人嚮往，自己卻缺乏達成目標所需的能力。你也許想要成爲電影明星或聲樂家，卻欠缺所需天賦。你夢想的職業生涯也許是你無法勝任的領域。但從另一方面來說，你也許擁有自己沒發現的性向與天賦，能帶領你走上滿意又賺錢的職業生涯。

你該如何發掘？深深檢視自我，謹愼自省就能找到答案。多數成人都已知道自己能夠或不能夠做些什麼，喜歡或不喜歡做些什麼。也許答案不明顯，但自省讓你能夠超越明顯的答案，深切地思考自身。

《實習醫生》（*Grey's Anatomy*）與《私家醫情》（*Private Practice*）的電視劇編劇暨製作人桑德・萊姆斯（Shonda Rhimes）就是很好的例子。打從兒時她便知道自己會成爲作家。在還不會寫字的時候，她就會自己編故事，用錄音機錄下。母親對她的鼓勵就是爲她謄成文字稿，將故事化爲眞實。

你必須做的是有系統地審視你的教育背景、過去經歷、嗜好與興趣。看看人生中有什麼是你做得很好的，什麼讓你獲得滿足喜悅。這些都指向你未來可能有所成就的領域，但這都只是開端。

成功的人打從一開始便知道自己有什麼樣的資本。列出你所有的優勢與資源，不要只看自己截至目前爲止的成就，而是看自己能夠成就什麼。絕大多數的年輕人起步時都不太清楚自己的心智能力，且往往都是在過程中逐一發現。

多數人至多只會發現很小部份的能力，永遠無法超越低薪低階的工作。他們平凡地走過人生，但他們的確擁有資源；如果能夠發現這些資源，就能夠提升自我通往更高階的職位。不知爲何他們就是走不到最適合燃起理想的環境，或無法接觸適合點燃自身**龐大內在**的巨大力量所需之元素。

找出隱藏潛力的方法是列出你所受過的教育、從事過的工作，以及其他你曾參與過的活動。再回想你最喜歡的活動是哪些，最讓你感到滿足的是什麼，還有哪些是你最不喜歡做的事。

二十五歲的大學畢業生喬許D.，非常不喜歡自己在保險公司裡擔任的理賠專員一職。他當初主修商業管理，從事這份工作希望最後能升到管理階層。列出所有從事過的活動後，他發現自己最不喜歡從事瑣碎的工作。他注意到他的主管及主管的主管多半時間也都從事相似的工作；他也發現這份工作中，自己最喜歡的是與保單客戶互動，與他們面談、處理他們的理賠。回顧學校的活動與參與社群的活動，他發現最有成就感的工作便是面對人群。與公司的人事部門談過後，他們建議他轉任業務工作，也許更容易找到屬於自己的優勢，更有成就感。他轉換了跑道，如今工作開心，職業生涯也正一步步走向順遂。

目標專一

成功人士眞心相信人必須完全忠於自己的目標。毫不遲疑的決心有著無比的力量：強韌、堅持又執拗的目標，會燒毀其後方所有橋梁、清除道路上所有屏障，無論花多久時間、如何犧牲或付出多少代價，都要抵達目標。

想成功，就得將全副心智能力投注於單一堅定的目標，擁有達成目標的韌性，不是勝利就是死亡，壓抑其餘所有誘惑的欲望。

擁有單一天賦的人決定了特定目標後，成就可多於擁有十項天賦卻將精力分散，永遠不知道該做什麼好的人。將力量專注於單一目標，即便最弱的生物也能有所成就；將力量分散至諸多目標，即便最強者也可能毫無成就。

少許火藥集中於來福槍內的殺傷力，遠比漫天擊發一卡車的火藥來得大。來福槍管的用途是爲火藥瞄準目標，否則無論多麼強效的火藥都不具力量。

單一目標才能獲勝。成功的人擁有計畫。他們規劃出路線，絕不偏離。他們訂出計畫，嚴格貫徹。他們直朝目標前行，遇上困難也不會左右搖擺，如果無法跨越困難，就直接穿越而過。持續穩定地在專一目標下施展能力，便能賦予力道與力量；毫無目的或終點地散用能力，只會步向衰弱。心智必須專注於確定的目標，否則就會像失去平衡齒輪的機器，終將耗盡而散落一地。

謹記在心

建立合理且可達成的目標是成功的第一步，無論是職業生涯或人生各方面。你必須在潛意識心智裡種下種子，讓你能接受並落實這些目標。以下七個步驟能促進這個階段：

1 **目標必須清楚明確**。清楚說出你想完成的事。目標必須確切堅定。舉例來說，「我的目標是成為公司的頂尖業務人員」聽起來不錯，但是更加明確會更好：「我的目標是在下個財政年度內達到多少美金的銷售量，然後接下來三年每年增加百分之十。」這下你知道自己的目標，你的潛意識心智會協助你專注於努力達成這些數字。

2 **目標必須激勵人心**。若建立的目標太容易達成，便無法刺激你付出比最低限度更多的努力。設下會激勵你持續前進、讓你會想更努力付出達成的目標。成功的人都知道，達成一個目標後就該立即建立下一階段目標，讓他們持續精進成長。

3 **目標必須是可測量的**。目標不一定都能量化。有些目標可以金錢或其他數字用語測量。你可以訂定逐月、逐季或逐年想達成的銷售數據，可以是產品單位或金額，可以用數量來訂產量目標，就算是無法量化的無形目標也能以可測量的用語來訂目標。主要目標可進一步區分，每個階段都有其完成的期限。這麼一來就得以測量自己距離達成階段目標還有多久，並對自己的行動進行微調，確保能準時完成目標。

4 **目標必須以行動為主**。若不註明落實目標所需採取的行動，目標也就只是白日夢。行動需要動起來，心理、身體及情感皆是。心理上你必須做好準備，所有空閒時間都要想著你的目標，思考需採取什麼行動才能實現目標。你的潛意識心智會協助你將思考化為行動。

5 **目標應該要寫下來**。確保目標不會在繁忙的日常生活中遭到遺忘或遺失的方法，就是把目標寫下來。列出你的長程目標，再細分為中程與短程目標。用正楷寫下，四處貼在每天都看得見的地方：書桌前、冰箱上、鏡子上。閱讀、熟記、再閱讀，每天都問自己：「我為達成目標做了什麼？」

6 **目標應與他人共享**。確保目標不會如新年新希望般說說而已的另一個方法，就是把目標告訴別人：你尊敬的人，你會聽從他意見的人。「戒酒無名會」（Alcoholics Anonymous）創辦人比爾・威爾森（Bill Wilson）表示，有助於與會者持續保持清醒的主要活動，就是與他人分享他們的目標。「體重守護者」（Weight Watchers）創辦人琴・尼德契（Jean Nidetch）也提出相似的經驗。

7 **目標必須保持彈性**。有時候情況會改變，而你設下的目標已不再切題。經濟狀況可能不太適合開新公司、科技創新可能使你的目標毫無用處、你的研究有誤所以目標不可行。這不表示一定得要放棄目標，可能只是需要新的思維，或是更深入的研究。若面臨了這樣的情況，仔細探討發生了什麼事情，並進行必要的調整。

第2章

培養自信心與自我價值

你若把自己想成失敗者，想像自己失敗的樣子，那你就會失敗。想著成功。要了解自己生來就是要成功、要贏。想像自己成功、快樂、自由的樣子，你就會是那樣的人。你的意識心智所想、所感覺爲眞者，會在潛意識心智中體現並成爲眞實經驗。這就是心智法則，絕不偏離、一如既往、雋永不變。心存信念就能突破所有障礙。

某人的職業生涯或生意很成功，另一人卻不然，其中必定有數不清的原因。在我與他人互動的多年經驗中，無論富有或貧窮、知名或無名、領導者或追隨者，我發現預先決定一個人成功與否的最重要元素在於個人的自我觀感。那些眞正愛自己，認爲自己有價值的人，比那些缺乏如此信念的人更要來得容易成功。

成功者擁有什麼其他人或許缺乏的？是自尊或自信。他們相信自己，相信自己內在的力量。

自尊：自信的基本元素

自尊的最佳定義就是自我感覺良好。自尊高者相信自己較有可能在從事的多數事務中成功。他們尊重自己，也知道其他人尊重他們。這不表示他們對所有事情永遠都很樂觀，永遠都興高采烈、滿面笑容。我們都有不順遂的時候，總會經歷似乎什麼都會出問題的時候。自尊高的人能接受這一點，不至於淹沒其中。

自尊是自信不可或缺的部份。在你能認同自己所下的決定前，你必須相信自己。你必須眞正感覺自己是有價值的人。若你缺乏自尊，又怎麼能確定自己做的決定是值得的？

爲什麼人會缺乏自信？共通原因在於他們過去從事的某項活動可能失敗過，因此害怕會重蹈覆轍。另一個原因是其他人（通常是老師，甚至是自己的家長）對他們在學校或其他事情上的表現永遠不滿意，讓他們覺得自己不如人。

還有些人可能嘗過成功的滋味，最後卻經歷了某種失敗，讓這番失敗占據他們全副心思，以至於做任何事情都注定缺乏自信。

改變自我觀感的關鍵在於你的潛意識心智，接觸潛意識心智的唯一方法則是透過你的意識心智。你的潛意識總遭到某個主要念頭掌控，會接受兩方對立提議中較爲強勢的那一方。若你說：「我想要有自信，但是我得不到；我非常拚命，我強迫自己禱告，我運用全部的意志力。」那你必須了解，問題出在你自己的努力。

有些人會想用「意志力」來改變方向，意志力是外顯的方法。想有所成果必須移除潛意識中的消極思考，意志力只會強化這些思考，你無法透過意志力來強迫潛意識心智接受你的想法。這種方法注定要失敗，得到的結果則恰好與你所祈禱的相反。當你著重於意志力，反而只會在潛意識心智裡強化你想克服的事。舉例來說，吸菸者想運用意志力戒掉抽菸習慣時，他或她會一直告訴自己：「我不要抽菸。」這時潛意識心智會著重於抽菸這項行爲。相反地，若吸菸者將心思全放在不吸菸的樂趣，例如呼吸新鮮、乾淨、無臭的空氣等諸多好處，潛意識心智便會因應而行。

若你將意識心智中的消極思考替換爲積極思考，後者便會順勢進入潛意識。

絕不認爲自己失敗

主導你的是你對自己的預期、藍圖與信念。不是別人對你的信念，若有人對你說：「你是個失敗者，你絕對不會有什麼出息。」你該怎麼辦？對自己說：「他人說我什麼都不重要。我生來就是要勝利，要成功。我必須成功，我會以卓越獨特的方式成功。」

每次有人說你會失敗，就是在刺激你強化對自己潛意識心智力量的信念，那是永遠不會失敗的力量。換句話說，不要把你的失敗怪到別人身上，不要怪環境，成功者會努力戰勝不良環境。當然會有失敗，但是那不表示**你**失敗。你擁有扭轉失敗的創意能力，進而朝成功前去。他人掌控不了你。除非你允許，他人沒有控制你的力量。

你的自尊會隨著每次成功逐漸茁壯。甚至偶爾失敗也會茁壯，只要你記得自己仍擁有這股力量、相信這股力量，並且用你的行動證明。

你覺得自己是什麼就是什麼。你以內心的自我形象塑造自己。自尊與自信只不過是自我形象的投射，若你能維持堅定積極的自我形象，就會成為更快樂成功的人，成為能夠跨越障礙的人，無論有多困難，並達成你為自己設下的目標。

你最需要的是相信自己，相信自己所做的事，相信你的終極命運。相信你的眞實自我是神賜的，相信只要有上帝一切都可能，便能為自立或自信找到最好的出口。

此刻就要下定決心。你能擁有自己所希望的，只要相信，就能獲得。遵循古老的箴言：相信自己是對的，然後放手一搏。不要讓任何事物動搖你或你的信仰，使之成為你的心態。擁有這番信念，你必然能勝利並在人生路上更前進。

為你的人生寫下積極的劇本

心理學家說，我們每個人都會為自己的人生寫下「劇本」。該劇本可能樂觀可能悲觀，讓我們因此快樂或憂愁，能反應出積極態度與自信，或讓消極心態主導我們的人生，甚至可能自我唾棄。職業生涯初期便遭逢失敗的男男女女容易失去自尊與自信，先前的失敗會影響他們的心靈。他們可能會下意識地為自己寫下失敗的劇本，除非他們能重拾對自己的信念，否則一定會失敗。

若你寫下了失敗的劇本，它就會主導你的思維與行為，你永遠會認為自己是失敗者，於是你就會失敗。除非你重寫這齣劇本，否則你將注定一生都失敗不快樂。

多數成功的男女都不是生來便擁有成功的基因。那些偉人的故事往往都訴說著他們如何戰勝貧窮、憂鬱，以及看似極度不利的條件，才終於達成目標。

他們之所以能達成目標，是因為他們改寫了心智劇本，將他們的自我形象從消極轉為積極。然後，藉由決心、專心致力與努力，他們開始活出自己寫下的成功劇本。

沒有人的出身會比腓特烈・道格拉斯（Frederick Douglas）還低。他出生就是棉花農場的奴隸，以自我提升或自我改進的機會來說，全世界大概就屬他最絕望最沒人緣。要是他突然意識到自己的奴隸身分及絕望的處境，然後對自己說：「那就是我啦，奴隸一個。不管我有多麼遠大的抱負或多麼渴望能逃離這個環境，也不會有任何機會，因為我生來就是奴隸。我的父母是奴隸，我的祖父母也是奴隸。我絕對沒有機會接受教育，也不可能在農場外謀生。」

若當時他這麼對自己說，可能會有人聽過腓特烈・道格拉斯的名字嗎？當然不會。他可能就跟其他數百萬同胞一樣，生死都是奴隸。但他卻有著勝利的意志，他沒有對自己說：「我不行，我不要。」而是說：「我可以，而且我會努力讓自己脫離可怕的奴隸生活。」

他爲自己寫下劇本，召喚潛在每個人內心而且永遠會回應的神祕力量，戰勝了所有阻擋在他與自由、教育之間顯然無法克服的阻礙。他從柵欄上的海報、印刷碎紙片，及農場上撿到的舊年曆上學習字母，直到他學會閱讀前，他從沒看過眞正的書。

就這麼從小地方、從如此堅毅的環境中開始，這位奴隸男孩順利獲得自由，接受教育。身爲飽受奴役之種族的戰士讓他在國際間建立起知名度，他的一生爲族人而戰。他的著作引起美國總統的注意，進而指派他爲海地大使。

你也能改寫讓你深陷人生谷底的劇本，這需要專心致力與永無止盡的努力，但你若想爬出谷底，你就能而且一定要做到。

可採取以下步驟：

1 **愛自己**。除非你眞正尊重自己，否則你無法指望他人也愛你、尊重你。

2 **相信自己**。毫不遲疑地爲自己的人生下決定。若你已設定目標，並有信心自己會成功，便無須畏懼做出有助於你達成目標的決定。

3 **強調積極面**。沒錯，過程中一定會有失敗，但不要只想這些。專注於逐日的成就，就能強化你的成功劇本。自尊會衰退，必須不斷滋養與強化，以言語、行動、態度及經驗滋養，也靠你承諾維繫它。

4 **對自己要求很多**。當你小小成功了，恭喜自己，但這不是滿足的時候。以小成功爲鼓勵，尋求更大的成就。

5 對自己一再重複知名法國哲學家埃米勒・庫爾（Emile Coué）的格言：「**每天，我都以各種方式逐漸進步**[1]。」

對自己精神喊話

有的時候我們需要提振自尊。效法運動團隊的教練，隊伍表現落後時，教練會站出來激勵大家，他或她會向隊員精神喊話。教練以適當的言語，注入熱情、自信以及不僅是贏的渴望，更是投入全副心力達成目標的承諾。

我們個人也需要精神喊話。當我們對人生的熱情消逝時，當我們憂鬱、經歷失敗時需要精神喊話。當我們的自信轉弱，當我們對自己的信念動搖時亦是。但教練在何處？

我們必須成爲自己的教練。從你心智上改寫劇本，對自己精神喊話。告訴自己你很棒，你是個勝利者，你過去成功過，未來也會再成功。對自己精神喊話的同時，你是在意識心智裡種下自尊的種子，一再地重複便會滲入你的潛意識心智，成爲行爲的根基。

這份自尊會一生相伴。我們年輕時會激勵我們向前，中年時會供養我們，老年時則會使我們煥然一新。

力行將個人劇本中的消極字眼換成積極字眼。植入希望的字眼，取代絕望的字眼；創造成功的字眼，取代失敗的字眼；想著勝利的字眼，取代戰敗的字眼；加入鼓勵的字眼，取代擔憂的字眼；植入熱情的字眼，取代冷漠的字眼；使用愛的字眼，取代恨的字眼。將全部的消極字眼替換成自尊的字眼，然後，正如黑夜之後便是白晝，自尊與信心將會滲入你的一生。

迎向並擊敗障礙

面臨挫敗時，自信會動搖。計畫出錯，出現意料之外的阻礙，一切似乎都要崩解。此刻正是重新找回對自己的信念之際，此刻是喚起上帝給你儲備的所有能量，迎向並擊敗困難之際。你會成功，在那樣的成功之下也會強化你的自尊。

最優秀的主管都同意，障礙越大、需要的自信越多，獲得的經驗也越寶貴。後來成爲寶僑公司（P&G）執行長的拉夫雷（A. G. Lafley），在日本強烈地震與亞洲經濟崩潰之際負責的是亞洲營運事業。他說他能成功帶領公司走出那些可怕的阻礙，靠的就是永不失去對自己的信念，並謹記在心，危難中所學到的是平時的十倍。

同樣的，如今身爲奇異公司（GE）執行長的傑夫・伊梅特（Jeff Immelt），在緊要關頭臨危受命。一九八八年，數百萬台冰箱壓縮機發現瑕疵，當時的執行長傑克・威爾許（Jack Welch）指派他負責處理，儘管他先前沒有任何冰箱或回收的經驗。他說，若當時他對自己應付這個「不可能」任務的能力沒有信心，今天的他就不會是執行長，在當時那可是多數奇異人都視為無法克服的處境。

戰勝巨大障礙的另一例子是網路公司思科（Cisco）執行長約翰・錢伯斯（John Chambers）。他在商界是最有活力又激勵人心的演講者。他背下大部分的講稿，就像是即席演說。他會走下講台與人個別互動，永遠與聽眾保持眼神交會。他在台上就像個天才，連嚴格的商業媒體都認為他的演說相當「令人驚訝」。

很難相信如此能言善道的人會需要克服什麼巨大障礙，讓他擁有足夠的自信站在聽眾面前。到底是什麼給予他如此的自信？**就是他克服閱讀障礙所獲得的力量**。為了能夠在聽眾面前演說，錢伯斯發展出一套斯巴達式工作倫理。他不抱怨自己的情況，而是利用這項挑戰改變自己。他說過，閱讀障礙強迫他看整體而非拘泥於細節，這對他的演說很有助益，因為聽眾往往覺得細節很無趣。閱讀障礙也強迫他背下大部分的講稿，比多數人都還要勤於準備，讓他的演說帶有獨特的臨場感與新鮮感。背熟講稿加上生動演出就絕對不會是死背硬記，更絕非單調地照稿朗讀。約翰・錢伯斯不僅熬過童年閱讀障礙的傷害，他沒有讓該障礙主導他的人生。他努力建立自信，因此，他成了商界龍頭，開口具有說服力，清楚刻劃人們的夢想、自家產品的價值，以及人人想看見的遠景。

停止懲罰自己

無論任何條件、狀況或力量，只要你的心智完全接受，就會在經歷中驗證它。申明這些事實：升遷是你的，成功是你的，正確的行爲是你的，財富是你的。過程中，這些事實就會駐紮你的潛意識心智，你的人生也會出現創意的媒介與驚奇。

有位法律祕書對她的牧師抱怨：「大家都不放過我。老闆跟辦公室裡的人對我都很惡劣又殘酷，我這一生親戚都對我不好。我大概是受了什麼詛咒，我沒有任何優點，我應該去跳河。」

她的牧師對她解釋，是她心理上對自己不好，於是她的自我懲罰與自我憐憫，想必在她的外部人生實現並獲得驗證。若你對自己惡劣，無論你到世界任何地方他人也會待你惡劣；若你覺得自己是條蟲，大家都會踩在你身上。換句話說，她身邊人的態度與行爲證明也證實了她的內在心態。

自此她立刻停止懲罰自己。她想像老闆讚賞她的工作效率，她也想像老闆宣布爲她加薪，她還經常對老闆及身邊同事散播愛與善意。經過數個星期每日數次忠實地鼓舞自己的心理形象後，老闆不僅稱讚她的工作，幾個月後甚至升她到主管職位，讓她驚訝得說不出話來。不過幾個小時，她就發現了深沉心智的力量，她發現了開啓寶藏之屋的鑰匙。

不要說「我不行」，說「我會」

《大西洋月刊》（*The Atlantic Monthly*）編輯暨《笑退病魔》（*Anatomy of an Illnesss*）及《人的選擇》（*Human Options*）的作者諾曼・卡森斯（Norman Cousins）便是活生生的例子，證明了潛意識心智的力量讓我們能釋放往往未開發的內在資源。

卡森斯患有幾乎癱瘓他脖子、手臂、手掌、手指與雙腿的疾病，很快便入院的他經過診斷，發現是嚴重的結締組織疾病。醫生告訴他：「你完全康復的機率是五百分之一。」

起初，卡森斯任由醫生與醫院在他身上「做他們的事」。施打藥物、安排檢查，在在都證明了診斷無誤，醫療癒後不佳。

但是卡森斯拒絕接受他的命運。他強烈地相信，笑、信心與求生意志力有其治療價值。

卡森斯很快便擬好計畫，以肯定的情感爲訴求。他的計畫需要醫療資源、人力支援系統、大笑與家人的愛。接著他離開醫院，入住旅館，自己聘請護士，開始觀看搞笑電影與電視節目。他發現，十分鐘的捧腹大笑能讓他享有二到三小時的無痛睡眠，那可是數月來的第一次。

週復一週，諾曼・卡森斯逐漸恢復力氣；年復一年，他的行動能力改善了。他深深相信自己的經驗證明了求生意志力及自信的力量，能開啓並釋放我們本質內的巨大力量。卡森斯後來又多過了活躍並豐碩的十六年。

利用你的力量

自信是所有成就的基礎。相信自己能做某件事的力量非常龐大。對自己有強烈信念的人便不受許許多多不確定性的束縛，諸如自己是否在對的位置上、對自己能力的質疑，以及對未來的恐懼。

與多數人相同，即便此刻的你尚未飛黃騰達，你可能也已經相當擅於某些事。你或許不是部門裡表現最佳的人，但你在工作上或許有些特殊能力，讓你能贏得他人尊敬；你或許不像同學那麼擅長運動，但你在美術課或許有傑出的作品；你或許不像鄰居那麼會賺錢，但不管你（以及他們的）家中什麼東西壞了你都能修理。

人都會擔心自己的弱點，有些人也會因此想改善自己，但很多人也會因此覺得自己不如人。與其不斷擔心自己什麼不能做好，不如在心裡讚美自己非常擅長的事。結果：你的自尊與自信會成長，將你所有的努力推向成功。

謹記在心

你若把自己想成失敗者，想像自己失敗的樣子，那你就會失敗。想著成功。想像自己成功的樣子。

1 **現在、此刻便下定決心，**決定自己能做任何你想做的事，能成為你真心想成為的人，能擁有任何你想擁有的東西；一切便會如你所願地成就於你。

2 **除非你愛並尊重自己，否則你連建立成功的自我形象都難開始。**沒有理由讓消極的自我形象永垂不朽。若你想成為成功的人，就必須建立積極的自我形象。

3 **絕對不要把自己想得卑賤、狹隘或貧乏，也不要覺得自己軟弱、沒有效率或不健全。**要覺得自己是個完美、完整、健全的人。

4 職業生涯的發展途中必定會有阻礙。絕對不要失去自信。成功之路鮮少容易。設定你的潛意識心智，準備好，能夠迎向並擊敗障礙，達到目標。

1 Every day, in every way, I am getting better and better.

第3章

成爲更積極思考的人

生命的原則就是信仰的原則，信仰是你心裡的想法。不要相信會危及或傷害你的事。相信潛意識能治療、鼓舞、鞏固使你富裕的力量。你的信仰能成就你。

消極的態度無法成就任何事。消極的人生中什麼都沒有，唯有敗壞、毀滅與死亡。消極是成功的最大敵人。永遠駁斥一切，永遠抱怨生活困苦、生意不好、健康不佳與貧窮的人，會招來毀滅與消極的影響，抵消他們所有的努力。

建設性思考會排除那些永遠帶著毀滅性思考、使用毀滅性言語的人，因爲他們想的與積極無關，沒有什麼會招來積極。創造性原則無法生存在消極、毀滅的環境裡，沒有任何成就能立足於此。所以，消極的人永遠在走下坡，永遠迎向失敗。他們失去了肯定的能力，漂流不定，無法前行。

消極會搶奪你的力量

若沉溺於消極，會癱瘓你的抱負，毒害你的人生，殺死你的自信，直到你成爲境遇的受害者而非主導者。可運用的力量主要來自於自我信念與自信。不管你想做什麼，除非你覺得自己做得到，否則你永遠不會動手。除非你先覺得自己擁有支配的能力、在腦海裡先做到，否則你永遠無法支配。要先想清楚，否則永遠無法實行。必須先在腦子裡有所成就，才能成爲實際的成就。

太多人讓恐懼及失敗的思維主導他們的人生。這會導致他們勉強接受缺乏挑戰、毫無前途的工作，結果就是收入中等、生活方式普通，職業生涯滿意度極低。就算他們有了積極、有創意的想法，也害怕提出建議。他們心想：「有什麼用?」反正肯定會遭到拒絕。

擁有積極態度的男性女性不會勉爲其難地成爲「普通男生或女生」。由信心取代恐懼，職業生涯自此興旺。

與他人關係要積極

確保自己在對於他人有邪惡的念頭、不健康的念頭、不和的念頭、不健全的念頭或要命的念頭時，對自己大喊：「慢著!向後轉!」面向陽光，決定自己就算無法在世上做好事，至少也不要散播毒害的種子或怨恨與憎惡的毒液。

在工作上或人生中，永遠對所有人抱持善意、仁慈、寬宏、友愛的念頭，如此你便不會讓人難過、造成阻礙，散播陽光與喜悅，而非悲傷與陰影，是協助與鼓勵，而非洩氣。

瑪莉莎L.開始新工作時，她發現自己是該部門唯一的非裔美國人。她試著與同事交朋友，卻遭到冷落。大家不僅忽略她，她甚至感覺他們刻意要讓她的生活難過。

瑪莉莎第一個想到的是要向人資部門舉報，這般行徑違反了公司的平等工作機會規範，但是仔細思考後，她決定要自己解決這件事。與其採取防禦姿態對抗這些女性，她決定採用更積極的方法。她不再怨懟，而是試著去了解她們的心態，考慮該如何改變大家。她研究她們的工作習慣，特別用心地與大家分享，她因此獲得這份工作的專業知識。

過沒多久，她獲得了大家的尊重，更與同事成爲朋友，進而成爲「一份子」。

建立樂觀的態度

最令人振奮的習慣就是懷抱著希望的態度，相信事情會好轉而非惡化，相信我們會成功而非失敗，相信無論發生或不發生什麼事，我們都會快樂。

爲了讓你更享受工作，建立有助於你成功並進步的人際關係，最有助益的方法便是懷抱樂觀盼望的態度，永遠尋找並期待最好、最高、最快樂的，而且絕對不允許自己落入悲觀氣餒的心情。

全心相信自己能做到自己必須做的事，不可有一時片刻懷疑自己是否成功。若懷疑的念頭想進入，驅逐它。擁抱「思維的朋友」，你決心達成之事的理想面貌。拒絕所有「思維的敵人」，所有氣餒的心情、所有稍微暗示失敗或不快樂的都不行。

知名電視明星暨極具影響力之網路報《賀芬頓郵報》（*Huffington Post*）的共同創辦人亞利安娜・賀芬頓（Arianna Huffington）成長於希臘。還在念書時，她在雜誌上看見劍橋大學的照片，便對家人與朋友宣布她想去那裡就讀。所有人，特別是她父親，都說那顯然是個可笑至極的念頭，應該立即放棄。她母親卻買了便宜機票，讓自己與她心意堅定的女兒造訪劍橋，好更清楚地想像亞利安娜在那裡就學的樣子。她們並沒有去見什麼學校高層之類的人，只是漫步雨中，想像亞利安娜已經住在那裡的樣子。

三年後，亞利安娜獲得劍橋大學獎學金入學。她說母親給了她永遠要嘗試新鮮事的勇氣，而且她很早就知道積極的態度能戰勝阻礙。接下來幾年，亞利安娜積極的態度讓她在政治界與電視圈都很成功，目前也成功發行自己的網路報。

不管你想做什麼或想成爲什麼人，永遠要以期盼、希望與樂觀的態度面對。你在各方面能力的成長及整體的進步都會讓你訝異。

兩兄弟一同從商，幾年下來生意都不錯。後來他們開始投資期貨市場與商品市場，結果失去了一切，包括他們的生意及存款。他們欠下五萬美元，付不出來，於是宣告破產。

其中一個兄弟的態度很好，他說：「我輸了錢。我會再賺回來，然後再次從商。我上了寶貴的一課，最終我會因此獲利。我沒有失去我的信仰與信心，也沒有失去再次爬起與成長的能力。我還能貢獻許多，我會再次獲得空前的勝利。」他進入證券商工作，因爲他有許多朋友，很順利便爲僱主找來新客戶。

不過，他的兄弟卻因失去一切而感到丟臉與恥辱。他開始對每位碰到的人訴說自己的損失，千篇一律地怪罪他的股票經紀人，爲自己錯誤的決定與失誤辯解。他的朋友開始疏遠他，滿面愁容與灰心喪志也嚴重影響他的健康。他拒絕接受諮商，領起社會福利金。

眼前這兩個兄弟遭逢相同的損失。一個積極，另一個以消極並完全無用的態度應對。重點不是我們個人遭逢的問題，而是我們應對的思維及態度，後者則可積極或消極。一個兄弟善用他的想像力，在腦海裡再次打造新的模式，看見未來的可能性，用信仰與想像力的翅膀打造更好的人生。他發現成功與財富都在自己的心裡。

用積極思維取代消極思維

當你與消極思維共存，你生命的力量便會在潛意識心智裡亂成一團，正如你用腳踩住花園水管堵住水流。消極的情緒全堵在潛意識裡，以各種不健全的生理或心理方式一湧而出。

揚棄消極性格、惡意、批評與自我譴責，相反地，用和諧、健康、和平、善意的建設性思維填滿你的腦海，你就能改變你的人生。

根據通用原則抱持建設性思維，你就能改變心裡所有的消極模式，此後過著歡喜的人生。想踏上通往各式財富（心靈、精神、物質、財務）的捷徑，你絕對不可在他人路上妨礙或設下障礙，你也不可嫉妒、羨慕或怨恨他人。要記住，你的思維是有創意的，你對他人的想法也是你爲自己創造的人生及經驗。

多數工作環境裡，員工都會相互競爭求升遷與增強力量。有些人的競爭性強到他們會走向極端，去破壞對手尋求升遷的機會。

貝瑞G.多年來的表現都非常優異，他的創意獲得讚揚，工作品質也頗受肯定。他的主管年底要退休，貝瑞預期自己會升上主管的位置。不過，六個月前卡爾R.轉入了該部門，他在先前職位就沒獲得升遷，如今開始一連串動作要取得該部門的升遷機會。

貝瑞的內心充滿怨恨，他這麼多年來的努力就是爲了升遷，現在卡爾卻想排擠他。仔細思考、與好友及牧師談過後，貝瑞發現自己不像卡爾那麼工於心計，於是他選了另一條路。

他選擇專注於自己的優點，而非卡爾的手段。他對自己默誦：「卡爾工作能力很強，他的抱負合乎邏輯，也具備許多利於本部門的優點。我至少與他不相上下，而且過去曾多次證明這一點。我會繼續致力於我的工作，努力達成我的目標。不管卡爾說什麼或做什麼，都無法影響我工作的方式或我對自己的看法。」

最後，貝瑞在工作上持續表現優越，而主管退休後，也是貝瑞獲得升遷。

來自他人的消極看法或負面暗示沒有任何力量，除非你自己賦予其力量。暗示是一**種**力量，但並非如和諧、美、愛與和平般運作的**決定性**力量。當你身邊的人展現消極態度，或朝你釋出負面暗示，永遠不要忘記你有能力與自己內在無窮的智慧合而爲一，而其智慧的原則便是愛、寬容與和諧，並非消極。

永遠不完成消極的句子：將其立即逆轉，你的人生便會發生奇蹟。若你沉溺於恐懼、擔憂及其他毀滅性思考模式，你的潛意識心智會把所有消極思維當成要求而接受，並於你的生活中體現它。解決辦法便是完全想著善良、和平與寬恕，你的潛意識心智富有創造力，會進而如你誠心下達的命令，在人生中創造這些特質。

每回你想到或說出消極的思維，便是更加延續破壞你心靈平靜的情境，進而確保你的努力都會失敗。事實上，你的祈禱對自己很不利。你內心靜默的思維必須與你所渴望的目標一致。失敗是消極的思維，原因有許多，其中最重要的原因或許便是你深信失敗無可避免。

你的所有存在都會展示這些思維，你的外在人生會展現你有意識地印記於潛意識心智的一切。因此，千萬不要對內主張任何你不希望在外體驗的事。

野心是必要的

許多人的生命中若有人能持續鼓舞他們、爲他們再次打氣、讓他們熱衷、不斷激勵他們，均能表現不錯，但他們本身不喜歡爲自己這麼做，於是持續表現平庸。他們仰賴他人成爲他們的動力。當你好好地說教、鼓舞他們的希望、告訴他們有什麼樣的可能性而激起他們的野心，你就像爲車子充電般重新爲他們打氣。他們會連續幾天表現優異，然後就在你以爲他們會就此洗心革面持續熱衷之際，他們卻又立刻消沉。他們的動力消失了，又需要人再次爲他們打氣。

他們似乎完全無法成爲自己的動力，他們缺乏主動或自我指導的能力。他們必須像西洋棋盤上的棋子由人擺佈。意識到自己獨自站立，沒有人能依靠或提供動力時，他們就會陷入茫然，似乎不知道該怎麼做。

太多男男女女似乎都野心勃勃想拚一把，但他們缺乏推動自我的力量。他們等待著某件事發生，等待某個人把他們推向某個位置，等待有影響力的朋友提拔他們。

這些人沿著最低阻力線滑行，他們非常想要成功，但害怕必須付出的代價。成功的人生對他們來說壓力太大。這樣的人生有太多困難，面對似乎難以逾越的困難時需要非常執著與堅持。這些人懷抱一種不確定的念頭活著，認爲世界上總有屬於他們的東西，只要他們等得夠久，機會來了就是他們的。在此同時，他們樂於由他人扶持、支撐，缺乏獨立能力、仰賴外力，是所有進步與成就的致命傷。

山姆L.非常沮喪。他告訴自己的職業輔導員，他從沒想過他得要找工作。「我一直以爲我父親或叔伯會請我去他們公司工作。就連他們生意失敗後，我總以爲家族那麼多朋友，總會有人請我去工作。」

山姆從沒想過要爲自己做點什麼。他這一生都是別人幫他把事情做好，但儘管他教育程度很高，這是他首次無人可靠只有自己。

山姆得面對現實生活。與職業輔導員密切合作了幾個星期後，他評估了自己的長處與弱點，知道自己喜歡或討厭什麼領域，了解各種領域的工作機會，以及想獲得他喜歡的工作還需要什麼額外的訓練。最重要的是訓練自己的心智，接受自己必須獨立，接受自己如果要成爲眞正完整的人，自己不得再仰賴他人的事實。

人通常不會意外地從貧民窟崛起、救起海邊瀕溺之人或遇見欣賞你的富豪，進而莫名其妙地獲得財富、榮耀及名聲。記住簡單的事實：你永遠都會展現你的性格與心理狀態。性格便是命運，是你思考、感受與相信的方式，你在心智上推崇的精神價值，以及心智上建立的正直與誠實，這些特質會使你獲利。

戰勝消極想法的技巧

擺脫自己不想要的情緒最理想的方法，便是實行替代法則。將消極思維替換成積極、建設性的思維。消極思維進入你的腦海時，不要與之抗戰；相反地，只要對自己說：「我相信良善的一切。」你會發現消極的思維一如光明驅逐黑暗般消失。

有時，你會發現自己落入過去的思考習慣，焦躁、煩心、擔憂並細數他人意見。這些思維滲入腦海時，請下令：「停！我的思維是我餵養潛意識的方式。」無論是工作相關或私人事務，每天重複一百次，必要的話，一千次。

許多人在面臨重大災難時都會失去希望，對一切變得消極。但另外有些人，面臨重大災難反而更具勇氣，即便處於最害怕的情境也能有英勇無比的動力。蘇珊與薛曼・葛士坦的瑪莎葡萄園（在麻薩諸塞州）客棧於二〇〇一年十二月的一場大火中付諸一炬，他們受到的挑戰大到長達一個月的時間都沒空下廚，得靠朋友餵食，靠其他店的老闆提供他們地方住。

他們沒有讓這次災難主導他們的人生。他們選擇先重新開張客棧的餐廳，保持在鎮上的存在感，整修期間則用巨大橫幅包圍遭摧毀的客棧，上面寫著：「生命給你檸檬的時候，就榨出檸檬汁吧。」（譯註：化困難為機會。）葛士坦利用這次機會把原本房間又小又舊、相當樸素的小客棧，改裝成一流的新旅館，重新命名爲「大宅第」，服務更廣大的客群。蘇珊・葛士坦表示，摧毀了一切的大火其實協助他們更上一層樓。他們積極的想法讓他們能夠重建並且重新開始。

想像

想像你要怎麼應付每天面對的挑戰。若你要籌劃業務簡報，或準備主管會議的報告，或從事任何具生產力的活動，先在腦海裡計畫你要說什麼、怎麼說、要採取什麼步驟達成目的。在腦海裡反覆演練，那會深入你的潛意識，滲入大腦的所有細胞。你會致力於成功，到你眞正要向客人推銷、站在主管面前或從事該活動時，你的潛意識會接手，你就能達成想要的結果。

感謝老天星期一到了

感謝老天星期五到了（TGIF）如今已成爲美國勞動人口的典型態度。我們期待週末，期待能暫時脫離工作與職業生涯。這麼想沒有錯，因爲我們本該爲休息的日子感到歡欣。然而，野心勃勃的成功人士也同樣期待星期一重回工作崗位。

很多人會談到「憂鬱星期一」。這些人已經把自己託付給「命運」，開始封閉自己的人生。於是，星期一便帶著某種放棄的意謂：他們在星期天有意識地命令自己的未來，潛意識便順其反應。他們很可能完全不知道自己已經預先計畫，並因此創造了他們的「命運」。若你將這番放棄的態度替換爲積極地想著你要做的工作，期待隨之而來的挑戰與機會，你便能消除星期一早晨的憂鬱。

謹記在心

1 積極思考就從了解潛意識的力量開始。

2 **掌控自己的職業生涯**。不要讓你的老闆、同事或任何人操縱你的「職涯之船」。永遠不要忘記，你的內在擁有能戰勝阻礙職業生涯發展之消極影響的力量。

3 **最有助益的方法便是懷抱樂觀盼望的態度**，永遠尋找並期待最好、最高、最快樂的，而且絕對不允許自己落入悲觀氣餒的心情。

4 **永遠不完成消極的句子**：將其立即逆轉，你的人生便會發生奇蹟。你的潛意識心智富有創造力，會進而如你誠心下達的命令，在人生中創造這些特質。

5 **想像你要怎麼應付每天面對的挑戰**。若你要籌備業務簡報，或準備主管會議的報告，或從事任何具生產力的活動，先在腦海裡計畫你要說什麼、怎麼說、要採取什麼步驟。

第4章

掌握吸引力法則

男人與女人是人體磁鐵。正如鋼鐵磁鐵拖過成堆垃圾會吸引與其產生共鳴的物品，我們也經常吸引與我們的思維、理念產生共鳴的物品及人物，並與其建立關係。

爲什麼有些人能輕易引起他人注意，能夠迅速地交朋友、贏得他人欣賞，有些人卻只能勉強與他人相處？

與人相遇時，他們可親的「人格」會讓我們留下深刻印象。他們展現自我的方式讓我們對他們有信心、欣賞他們，與他們相處非常舒服。這些人掌握了吸引力法則。他們吸引主管、客戶及他人的注意。我們選擇這類男性與女性爲導師，公司的領導人都出自於這類人，迅速攀上成功之梯的也是這類人。

美國心理學家威廉・詹姆斯（William James）將人格定義爲一套個別發展而成的行爲特徵

模式，從意識與潛意識兩層面決定其日常功能。人格代表了內在動力及意識，與外在控制之結合的平衡。

最重要的是要記住，吸引人的特質是可**發展**的。我們有些方面是與生俱來，例如外表、基本智力與某些天賦，但我們每個人都有能力善用天生的特徵，將其發展爲他人會欣賞的人格。我們能學習如何運用吸引力法則。

成爲你想要的那種人並不容易，但可以從強烈地渴望，並致力於發展你的內在特質開始。你可以發展出外向、開朗、樂觀與積極的態度，這種人格會爲你獲得交際往來之男性與女性的讚賞。

人格特質是可養成的

威廉・詹姆斯表示，你的人格就是你所有特質的總和。這包含了你的身體及精神力量，但也包含你的衣服、房子、配偶與孩子、祖先與朋友、名聲與成就、財產以及銀行戶頭。這些全都營造相同氛圍的情感。若它們增加並繁榮，你會歡欣鼓舞；如果它們減少並消逝，你會沮喪，不一定對每樣東西都懷抱同等情緒，但約莫差不多。

我們的人格便是我們對外在世界展現自己的方式。我們不僅是群居生物，喜歡與同伴爲伍，我們更是天生便喜歡吸引同類注意，而且希望是引起好感。

有些特定人格會比區區外在美麗還重要，比學習還強大。人格魅力是神聖的天賦，能影響最堅強的個性，走向更高階的職位，有時甚至能掌控國家的命運。

擁有這般吸引力的人會無意識地影響我們。從我們出現他們眼前的那一刻起，我們便會感到開闊。他們在工作上能鼓舞下屬、顧客或客戶，其他人也將他們當作自己職業生涯與人生的楷模。他們能開啓我們內在先前所未察覺的可能性。我們的視野會開闊，我們感覺到新的力量騷動全身，我們感到輕鬆，彷彿長期壓在我們身上的重量移除了。

吸引人的人格魅力多半來自優雅有教養的態度。圓滑是非常重要，甚至可說是最重要的元素。人必須確切知道自己要做什麼，能夠在對的時間做出最恰當的事。對設法養成這般魔力的人來說，良好的判斷與常識不可或缺。好品味也是這種人格魅力的元素，你不可能在不傷及人心的情況下冒犯他們的品味。

人所能做出最棒的投資便是獲得優雅的態度、眞誠的舉止與體諒的雅量，都是討人歡心的愉悅藝術。絕對比金錢投資要好，因爲所有的門都開向陽光、討人歡心的人格。這些投資不僅受到歡迎，更是走到哪裡都人人渴求。

人格特質是可養成的。雖然人人都有同等的權利與機會，我們還是必須承認不是人人都有同等智力、同等體力或同等程度的能量，然而，無論他們的地位如何，都可藉由自我教育及自我發展提升地位，渴求知識且渴望出眾的人自然會勇往直前。你可以選擇並努力發展出自己希望養成的人格特質，應用是最重要的。

構成完美人類境界的首要原則是耐心、良善、慷慨、謙卑、禮貌、無私、好性情及眞誠。這些特質並非與生俱來，均可發展而成。將這些特質當作你希望的人格框架，從自身複雜本質的優點創造而出。

不幸的是，有些人擁有以上全部特質，卻沒人覺得他們擁有討人歡心的人格，因爲他們缺乏好看的外表。這不僅指實際的美麗，你不一定要生來有張漂亮臉蛋或身材才會好看，但除非你穿著整齊適當、臉掛笑容而非皺眉、乾淨整潔，不會有人注意到你的崇高特質。

外表非常重要，因爲那是你給他人的第一印象，而這印象往往決定了他們是否給你機會展現你過人的特質。

不僅他人會以你的外表評斷你，你也同樣以外表評斷他人。人們會直覺地設法爲自己培養出在他人身上看見並欣賞的外表正面特質。他們與模範對象穿上相同類型的衣服，模仿他們的髮型，行爲舉止也如出一轍，其他特質也可如此模仿。專注於你尊敬並景仰之對象所展現的人格特質，在這個人身上，你能想像自己是你希望成爲的那個人。不僅看向你認識的男性與女性，也要取經自過去及現在，那些擁有你希望具備的理想人格範例。

尋找良善

人一生中，尋找良善與美麗而非醜陋、尋找崇高而非卑鄙、尋找光亮與朝氣而非黑暗與陰鬱、尋找希望而非絕望、尋找光明而非黑暗的一面，都很容易。永遠面向陽光與永遠看見陰影同樣容易，卻會對你的個性造成滿足與不滿足、快樂與苦惱的差異，也會對你的人生造成富裕與窮困、成功與失敗的差異。將這些念頭輸入你的潛意識心智，這就是吸引力法則的應用方法。

於是，學著尋找光明吧。積極地拒絕陰影與損害、負面意象及衝突。緊守住能帶來歡愉、幫助與鼓舞人心的事物，你就能完全改變看事情的方式，在短時間內改變你的人格。

發展自身最佳特質的方法，便是在他人身上尋找最佳特質。以最寬大的心態面對所有你遇見的人，設法穿透男人女人的外在面具，深入最核心，並對所有人培養出親切的態度，你便能獲得如此無可計算的昂貴禮物。

養成能讓他人感到放鬆、快樂、對自己滿意的力量，是你最大的回報。陽光的人遇見任何人都能驅逐對方的憂鬱、陰暗、煩憂與焦慮，一如太陽驅逐黑暗。他們進入人山人海、對話遲緩、人人均顯無聊的空間，便會如太陽衝破暴雨後的厚重黑雲般改變環境。大家都從剛進入的愉悅靈魂身上感染歡樂的精神：舌頭不再打結，原本拖泥帶水的對話變得輕快有朝氣，整個氣氛散發愉悅與好心情。

要有同理心。有同理心的人會站在與他們相關者的立場著想。他們不僅聽見對方說的話，也能感受他或她當下的心情。怎麼有人能不對這類人產生正面的回應呢？

保持愉快的性情

除非你的心態不帶怨恨與狡詐，能將每一天視爲該享受與品味的祝福，你的人生會很不開心，而且很可能也毫無收穫。

我們若對他人心懷復仇或不友善的念頭，就不可能做到最好。我們的能力唯有在完美和諧的狀態下才能最有效運作。我們必須心存善意，否則用頭或用手都無法把事情做好。仇恨、報復及嫉妒都是毒藥，會將我們內在崇高的一切致於死地，正如砷毒會索人性命。

抱持友善的態度，對他人心懷善意，是我們對抗任何痛苦仇恨或傷害性念頭的最佳防護。優雅的人格具有讓人難以遠離的魅力，很難拒絕擁有這般魅力的人，他或她會莫名地吸引你。無論你有多麼忙碌或擔心，不管你有多討厭遭人打斷，你似乎就是不忍心拒絕人格永遠討人歡心者。

討人歡心的祕訣

愛默森說：「你的人格色彩強烈到我都聽不見你說的話了。」我們無法掩飾自我、我們的感受，因爲我們會散發出自己的氛圍、我們的人格；而根據主導我們的特質與特色，可以是冷漠或溫暖，吸引人或惹人厭的人格與氛圍。

自私、永遠想著他或她自己、只爲他或她的利益著想、冷漠、缺乏同情心、貪婪的人，無法散發溫暖柔和的氛圍。若自私、冷漠、貪欲及貪婪主導了你的本質，你就會散發出這種氛圍，進而惹人厭，因爲這些是大家直覺會討厭的特色。

吸引人的特點是輕快、向外流出的；惹人厭的特點是向內流入的。也就是說，不具磁性的人以自我爲中心，他們太常想著自己。他們付出的不夠，他們總是有某種目的，總是在吸收、接受某些福利，設法爲自己取得某些利益。他們缺乏同情心，缺乏熱誠、不合群，他們不擅於交際。

具磁性的鋼鐵只會吸引鐵礦產品。它對木、銅、橡膠或任何不含鐵的物質都不具魅力。你從兒時便發現手上的小磁鐵會吸起針，卻不會吸起火柴或牙籤。它只會吸引與自己相似的物品。

男人與女人是人體磁鐵。正如鋼鐵磁鐵拖過成堆垃圾會吸引與其產生共鳴的物品，我們也經常吸引與我們的思維、理念產生共鳴的物品及人物，並與其建立關係。

我們的環境、我們的同伴、我們的整體條件都源自於我們的精神吸引力。這些事物從實際面來到我們身邊，是因爲我們吸引了它們，我們在精神上與它們建立關係，它們與我們相互吸引，而且只要我們在心裡持續吸引它們，它們便不會消失。

應用吸引力法則

有些人天生就是磁鐵，但當你分析他們的個性，你會發現他們擁有某些我們直覺便會欣賞的優點，那是吸引所有人類的優點，例如慷慨、雅量、熱誠、寬容的同情心、廣闊的人生觀、助人、樂觀。他們是吸引力法則的信徒。

以上優點你都能培養並極力加強。只要你這麼做，便能在他人沒機會時獲得機會說話。

無論是你的生意、名譽或成就，都大幅仰賴你在他人心中留下的印象品質。因此，對年輕男女來說，運用吸引力法則發展出有磁性、有力且吸引人的人格相當重要。培養這些核心優點，智力及腦力與個人磁性可說一點關係也沒有。吸引人、能掌握人心的是討人喜歡的特質，而非智能特質。

此事並不難。人人都能培養出討人歡心的能力，以及能讓人覺得他或她是世界之眞實力量的有力個性。了解吸引力法則，了解區分磁性與非磁性的優點與特質，相對來說就很容易能培養前者並排除後者。也就是說，我們能培養出慷慨、雅量、活潑、助人的精神優點，並粉碎其相反值；而隨著程度遞增，我們會發現自己對他人越來越有興趣，他人也對我們越來越有興趣。在我們爲自己塑造出善良念頭、言語及善行的氛圍，讓自己成爲人體磁鐵，逐漸朝豐富有磁性人格邁進的過程中，我們會發現自己走到何處都更受歡迎、更受人仰慕，我們會越來越吸引人。

爲你的潛意識灌輸你所欣賞的他人優點，吸引你的那些優點，你就會變得吸引人。當這些優點逐漸滲透你，便會成爲你的個性，你將獲得有磁性、吸引人的人格。

過健康的人生

讓自己變得有磁性的第一步，就是打造你的健康。活力充沛的健康，加上正確的精神態度與樂觀、充滿希望、活潑、快樂的心智，便能大幅增加你的磁性。

擁有強健體魄的人會散發力量、活力與勇氣的氛圍，缺乏生命力的人則會榨乾他人而非給予他人生命力。健康的實際力量與豐富歡樂有助於創造有磁性的堅強人格。心智活潑靈敏、眼神閃亮、步伐輕快、洋溢著充沛生命力的人，比起缺乏生命力且體況不佳的人擁有無比的優勢。

承認你的錯誤

自大、狂妄、傲慢且從不承認錯誤的人最惹人厭。

很可能是世界首富的投資大師華倫．巴菲特（Warren Buffett），不僅知道如何運用「失敗」與「錯誤」，更進一步宣傳二者。一九八九年，他開始正式打自己小報告，在〈致投資者書〉（*Letter to Investors*）中發表自己一連串的過錯。該信中，巴菲特不僅承認自己犯下的錯，更坦承自己因爲未能適當反應而錯失的機會。巴菲特相信，主管及股東均能受益於坦率。他這麼說：「在公事上誤導大家的執行長，最終也可能在私事上誤導自己。」巴菲特相信，審視自己的錯誤而非僅專注於成功是相當重要的。

或許就是因爲如此坦率，才讓華倫・巴菲特能快樂地工作。他以永遠樂觀與支持而出名，每天上班也都眞的非常興奮。人人都受他吸引，是因爲他很有錢嗎？還是反過來呢？

迎向你遇見的人

你一定要讓人覺得他們遇見了眞誠的人。與人打招呼時不要只會生硬地說「你好嗎？」或「很高興認識你」，卻不帶任何感覺或感情。要好好與人交流，筆直地望進遇見的人的雙眼，讓他們感受你的人格。熱情地與他們握手，帶著微笑及些許友善話語，讓他們記得曾經遇過這般眞實的力量，能很高興再次遇見你。

你若想要受歡迎，就必須培養熱誠。你必須將自己的心門大大敞開，而非像多數人那樣只是稍微打開一條縫隙，像是在對遇見的人說：「你可以朝裡面看一眼，但要等到我搞清楚你是不是我想認識的朋友，你才能進來。」許多人都吝於分享他們的熱誠，似乎只爲某些特定場合或親密朋友保留熱誠。他們覺得熱誠太珍貴，不該與所有人分享。

溫暖熱情地握手加上熱誠的招呼，能在你與遇見的人之間締造會讓你驚訝的善意連結。遇見你的人會對自己說：「嗯，這個人眞的非常有趣。我想要多了解這位女士或男士。這種招呼方式眞特別。這個人顯然在我身上看見他人無法看見的特點。」

培養展示熱誠的習慣，遇見人時以溫暖誠摯的方式打招呼，將心敞開，便會爲你帶來奇蹟。你會發現如今困擾你的生硬、懦怯、冷漠以及對所有人缺乏興趣的態度，將會消失。人們會發現你眞的對他們有興趣，發現你眞的想要了解、討好並引起他們的興趣。熱誠的習慣會徹底顚覆你的社交力量，你會發展出從未想像過自己能擁有的吸引人優點。其他人會朝你聚集，尋求你的指引，並協助你實現你的夢想。

選擇你的導師──自己成爲導師

在職業生涯上獲得進展最好的方式，便是尋找並跟隨導師。該男子或女子擁有上述討論的所有特質，且能夠更願意與他人分享。

導師是掌握吸引力法則的最佳範例，他們不僅能提供你知識，還能帶你熟悉公司文化裡的微妙之處。

而且，在你成功並升上領導者的位置時，亦可回報你的導師，讓自己也成爲組織新進者的導師。

謹記在心

1 除非你的心態不帶怨恨與狡詐，能**將每一天視為該享受與品味的祝福**，你的人生會很不開心而且很可能也毫無收穫。驅逐所有消極思考。

2 **了解吸引力法則**，了解區分磁性與非磁性的優點與特質。我們能培養出慷慨、雅量、活潑、助人的精神優點，並粉碎其相反值；而這麼做，我們便會發現自己對他人越來越有興趣，他人也對我們越來越有興趣。

3 **研究你欣賞的男性與女性人格**，是你自己認識以及過去、現在所知道的人。以他們為你的行為楷模。

4 **學習散發喜樂與慷慨**。毫不保留地散播歡樂。

5 **要有同理心**。有同理心的人會站在與他們相關者的立場著想。他們不僅聽見對方說的話，也能感受他們當下的心情。人們忍不住便會對這類人產生正面的回應。

6 **要有熱忱**。對自己熱忱的人，以信心成功的姿態投入工作，將會實現他們的承諾。熱忱能讓你的力量加倍，無論你有什麼能力都能提升至最高級。

7 **在工作場所實施吸引力法則的方法便是鼓勵同事發表自己的想法**，特別是當他們的想法與你不同。這不僅能提供你新的想法，更會讓他們發現你認可他們的才能，將他們當作夥伴而非下屬。

8 **尋找並跟隨導師**，是你欣賞並可仿效學習的對象。當你成功後，提供自己的服務，成為他人的導師。

第5章

成爲更具熱忱的人

熱忱是最成功者成功的祕密要素，
也是擁有幸福者人生中幸福的來源。

「Enthusiasm」（熱忱）一詞源自希臘文，字面意義便是爲上帝所擁有。意指任何興趣或追求吸引或控制了心智。你必須相信無限力量的活力能賦予你生命，你內在開展的創意想法能向你展現一切所需的知識。你必須相信無限力量的反應有助你達成目標，如此便能產生熱心，因你積極的信仰而甦醒，充滿成就的新世界會逐漸爲你展開。

擁有討人歡心之人格者對他們的生活、工作、人際關係與目標均懷抱熱忱，熱忱來自於我們最深的內心。熱忱無法假裝，經由造假的手勢、做作的微笑以及誇大的評論而僞裝出來的熱忱很容易識破。若你相信自己所做之事值得、有意義、刺激且可達成，熱忱自然會浮現於你的態度與行爲中。

對你的工作抱有熱忱

爲何有的員工常常能比另一位員工多完成三到四倍的工作？差別往往不在於能力，通常是努力的本質差異。成功的人會更努力，他們在工作中加入熱忱與顯著的熱情，增加結果的質與量。

我經常聽見員工在早上說他們很害怕面對一天的工作，時間會拖拖拉拉，很慶幸苦難結束了。他們對自己的工作不具任何熱忱，認爲每天工作都是苦難、做起事來彷彿遭鞭打強迫的奴隸，這種人怎麼能希望有成功的人生？

那些工作起來彷彿從事所愛之事，對此感到驕傲的員工，才具備勝利的元素。最讓僱主困擾的便是看見員工工作起來毫無抱負、態度冷漠，彷彿他們把工作視爲必要之惡，只是爲了不餓肚子而做。

帶著活力、決心與熱忱完成任務的員工，讓僱主有信心他們從事的工作不僅會做完，更會做好。

員工拖著步伐彷彿自己存在的本身便是負擔，工作起來充滿厭惡或恐懼時，僱主就知道他們絕對不會有什麼成就。

熱忱會傳染

這世界永遠有熱忱的位置。熱忱能增加你的力量，無論你擁有什麼能力都能提升至最高級。熱忱能招來生意。熱忱具有的傳染力強大到我們還沒發現便已感染，就算試著防備也無用。若你有心於工作，你的熱忱往往會讓潛在客戶忘記你其實是想買賣什麼。

有些人充滿熱忱時工作表現極其出色。當他們懷抱熱忱時，生產力高，想法多產、創新、有創意、強壯又有能力；但是只要熱忱稍微冷卻，他們便倒地不起了，所有標準都下降，低潮時什麼都做不好，他們只能等到漲潮。你今天遇見他們，以爲他們會有什麼驚人成就，但他們可能隔天就消沉悲觀，工作上拖泥帶水，力量盡失，直到他們補充新的活力。

克莉絲塔・霍金（Krista Hawkin）是個熱忱永不消逝的女子。她每個星期都能煽動上百位潛在客戶，並以此出名。她不是主管，不是業務人員，更非一般人認知中的領導者。她在阿拉巴馬州蒙哥馬利市的現代汽車製造廠帶隊導覽，該廠是全球技術最先進的工廠，每天能生產一千輛車。

克利絲塔出名的原因，在於她能以自己的熱情與熱忱將參觀者變爲顧客。她對參訪團中的男女都有興趣，鼓勵他們發問，並充滿熱忱地以非專業術語詳細回答問題。

專家都知道，每位替品牌工作的人都是品牌在外的代表，每一次互動都是爲該品牌貼上活力熱忱之面貌的機會。克利絲塔是認眞的，這就是爲什麼她的方法如此有效。她說她看見工廠對社區以及阿拉巴馬州的貢獻，所以讓她開心是很容易的事。她從不使用「員工」一詞，對她來說，大家都是隊友，車輛品質則與動手打造者的活力有直接關聯。她導覽從不以賣車爲目的，她的目標是娛樂訪客，提供他們知識，而銷售提升則是她的回報。

保持你的熱忱

熱忱非常脆弱，很容易便消失。學習如何在沮喪中保持熱忱是一門偉大的藝術，卻很容易習得。簡單來說就是控制思維，我們可以杜絕消極思維。要迅速澆熄熱忱及削弱努力最快的方法，便是用毀滅、混亂的思緒淹沒心智。我們可以控制情緒，用陽光充斥心智是驅逐黑暗的最好方法。

產生熱忱的方法是假想你要扮演的角色，並用熱忱扮演。若你的抱負是要成就大事，你必須永遠對自己懷抱熱忱。

湯姆J.知道要說服他的主管升級電腦系統會非常困難。爲了克服老闆對於成本增加的疑慮，他準備了振奮人心的簡報，說明系統升級會如何加速工作效率並降低錯誤。他知道老闆通常都很不願意接受新想法，所以他首先想的是：「何必呢?反正他什麼也不會做。」但湯姆對該專案充滿熱忱，於是他克服了自己的不情願，進行振奮人心的精采簡報，贏得老闆的支持，升級了新系統。

充滿熱忱、相信自己能夠勝利的人帶有一種氛圍，光是他們的外表便能在戰爭尚未開打前，贏得一半的勝利。

決定你想完成的事，以無比堅定、明確、充滿熱忱的決心，堅毅地邁向你的決定，不讓世上任何事情轉移你對目標的專注，直到達成任務。

露西L.想在醫療領域尋找第一份行政助理的工作。她擁有社區大學醫療行政副學士學位，卻因爲缺乏工作經驗而數次遭到拒絕。於是她對自己精神喊話：「我想要這份工作。我擁有所需的專業知識。我是個工作勤奮謹愼的人。我可以成爲醫生的得力助手。」在下一次面試時，她決心要獲得那份工作。前往醫生辦公室途中，她不斷重複對自己精神喊話。她自信地走進辦公室，以無比的熱忱回答醫生的問題，於是醫生給了她那份工作。幾個月後，醫生告訴她，當初看見她的申請表上沒有任何工作經驗，本來只打算基於禮貌面試她後便要回絕她，但是她的熱忱說服他讓她試試看。她帶著那份熱忱工作，最終成爲他的行政人員體系的重要成員。

你是幫助者還是依賴者？

世界上有兩種人，就只有兩種，不多不少。不是好的或壞的，因爲大家都知道好人只是沒那麼壞，壞人也只是沒那麼好。不是快樂或悲傷的，不是富者或貧者，不是謙虛或驕傲的。都不是。**世上的兩種人為幫助他人者及依賴他人者**。無論你到何處都會發現世上的人永遠只分為這兩種類別。而奇怪的是，你也會發現，二十位依賴者中似乎只會有一位幫助者。你是幫助者嗎？你是依賴者或抱怨者嗎？你會依賴他人嗎？你生來是要成長、轉變，是要遭遇問題、困難及挑戰，並克服它。你不是生來逃避的，克服它們才是樂趣所在。如果有人幫你填完了字謎，那會非常無趣，解開謎題才是樂趣所在。

工程師樂在克服造橋時的所有障礙、失敗與困難。你生來是要加強你的心理與精神工具，在智慧、力量與理解中成長。你生來是要在你的生命與相關者的生命中營造熱忱。

熱忱通往成就

我們對自己所做的事充滿熱忱時，興奮、喜樂與內在滿足感便會滲透整體活動。對於我們每天得做的事情感到興奮並不容易，但只要我們努力就有可能。

我們心智所想的會決定結果。當你真的充滿熱忱，就能從你閃亮的眼神、敏銳活躍的人格中看出。你能從你輕盈的步伐中看出，你能從你整個人的活力中看出。熱忱會改變你對他人、對你的工作、對整個世界的態度，大大改變人類生命的熱情與喜悅。

當然，你必須對自己、對你的能力充滿熱忱，但你也必須對你所做的事充滿熱忱，無論是你製造或販賣的產品，你作的曲或寫的文章。

要如何對事物抱有熱忱？首先你必須相信自己所做的事。盡你所能地了解該產品、想法或參與的概念，盡可能獲得所需資訊，鑽研你的主題，將它變成你的生活。你了解得越多，就越能讓該主題成爲你生活的一部份，對其熱忱也會跟著增加。

我們在研究偉大的男性與女性時，無論他們身處政治、商業、科學或藝術領域，都會發現他們共同擁有的元素便是對工作與生命的熱忱。熱忱讓貝多芬能在耳聾的狀態下譜出他的交響樂巨作；熱忱讓哥倫布能說服西班牙女皇伊莎貝拉資助他的探險旅程，並且在看似不可能成功的情況下持續前進。

你也有這股力量。釋放你的天賦與能力，培養了解你內在力量的熱情與熱忱，於是你便能幫助自己提升至驚人的極限。請求你內在的至高智慧給予你所需的，你便會獲得回應。了解無限的智慧正在指引你，揭開你所不知的天賦，爲你開啓新的門，讓你看見你該走的方向，然後你內在的指引原則便會一直帶領、指引你。

謹記在心

1 決定你想完成的事，以無比堅定、明確、充滿熱忱的決心，堅毅地邁向你的決定，不讓世上任何事情轉移你對目標的專注，直到達成任務。

2 **成功的人會更努力**。他們在工作中加入熱忱與顯著的熱情，增加結果的質與量。

3 **我們對自己所做的事充滿熱忱時，興奮、喜樂與內在滿足感便會滲透整體活動**。要對於我們每天得做的事情感到興奮並不容易，但只要我們努力就有可能。

4 **熱忱會傳染**。當你充滿熱忱，你的眼神是閃亮的，聲音宏亮，腳步也輕盈。熱忱會滲透你整體的行為與人格。你的老闆看得見、你的下屬與同事感受得到，你的客戶也會受到影響。

5 **熱忱非常脆弱，很容易便消失**。學習如何在沮喪中保持熱忱是一門偉大的藝術，卻很容易習得。簡單來說就是控制思維，我們可以杜絕消極思維。要迅速澆熄熱忱及削弱努力最快的方法，便是用毀滅、混亂的思緒淹沒心智。我們可以控制情緒，用陽光充斥心智是驅逐黑暗的最好方法。

第6章

培養彈性與變通能力

我們的潛意識信念與條件命令並掌控我們所有的意識行為。
你可以藉由認同永恆的眞理重新調節自己的心智。
你可以用和平、喜樂、愛、好脾氣、幸福與善意填滿心智，發展出不可思議的奇蹟人格。用這些想法填滿你的心智。
只要這麼做，這些想法就會慢慢沉入你的潛意識層。

你聽過古老的說法：「東西沒壞就別修。」這麼說多少是眞的，畢竟為改變而改變只是徒勞無功。不過，為了要前進、迎向新的挑戰，改變往往是必要的。重複做同樣的事情很容易。若你的做法源自自己，那更容易抗拒改變。我們常會愛上自己的想法，不願意考慮改變，就算改變能走向進步。

多數人拒絕考慮改變的另一原因是害怕失敗。沒有人想承受失敗的痛苦，但是不嘗試就不可能會成功，而每一次嘗試都存在失敗的風險。

爲了確保你願意審視並重新評估自己所做的一切，好進行必要的改變，你必須將潛意識心智調整爲可變通狀態。若你持續加強開放的心態與韌性，你的潛意識心智便不會再抗拒改變現況，而成爲適應新概念的載具。成功者會冒險，他們不將自己侷限於習慣採取的方法。

沒錯，你可能會失敗，但你必須培養彈性，讓自己能接受失敗重新爬起。我們必須從錯誤中學習，將我們所學的應用於克服失敗。梅西百貨創辦人R. H.梅西（R. H. Macy）得關閉最初的七間梅西商店，但他並不因「失敗」而放棄，而是不斷努力，最終成爲美國頂尖零售業者。棒球之神貝比・魯斯（Babe Ruth）職棒生涯中的三振數超過一千三百次，但沒有人記得，因爲他擊出了七百十四次全壘打。湯瑪斯・愛迪生不曾放棄，但是光憑毅力不夠。每回實驗失敗，他都會研究是什麼導致失敗，然後不斷尋找解決方法。失敗磨出了他的彈性與變通能力，失敗未能打敗他，反而刺激他不斷嘗試。

唯有你能改變自己

若你的思維死板無法變通，你就必須克服僵硬的頭腦。沒有人能幫你做這件事，你首先必須接受的便是：唯有你能改變自己。這是眞正改變你整體人格的開端。

從心理上將自己區分為兩個人：現在的自己以及你渴望成為的自己。看看那些可能奴役並囚禁你的恐懼、擔憂、焦慮、妒忌或仇恨等思緒。你將自己一分為二是為了訓練自己，一部分的你是你內在運作的人類心智，另一部分則是尋求透過你表達的無窮無盡。端視你如何看待自己。

亞洲某國家有個傳說，農夫找上村裡的智者，說他的人生以及一切都很辛苦，他不知道該如何撐下去，對未來的恐懼占據了他的心智。他想要放棄，他厭倦了奮鬥與掙扎。似乎每次解決一個問題，就有新的問題出現。

智者請他到湖邊取回一桶水，接著智者將水倒入三個鍋子，各自掛上火爐上方的掛勾。很快地，鍋子裡的水滾了。智者在第一個鍋子裡放入幾根紅蘿蔔，第二個鍋子裡放入幾顆蛋，最後一個鍋子裡則放入一把茶葉。

繼續滾了半個小時後，智者將鍋子從火爐上移開。他把紅蘿蔔取出，放入碗裡；把蛋取出，放入另一個碗裡；最後他將茶倒入第三個碗。他轉向農夫：「告訴我，你看見什麼？」

「紅蘿蔔、蛋跟茶。」農夫說。然後智者說：「把紅蘿蔔拿起來，告訴我你感覺到什麼。」農夫照做：「紅蘿蔔很軟。」接著智者要農夫拿起蛋，敲破。剝除外殼後，農夫發現蛋變硬了。最後，智者請農夫啜茶。農夫嚐到濃郁的茶香，露出微笑。農夫順著問：「這是什麼意思？」

智者解釋，每一項物品都面臨了相同的困境……滾燙的水，卻都有不同反應。紅蘿蔔下水前相當堅硬，不過，屈服於滾燙的水，紅蘿蔔軟化而變得柔弱。蛋原本很脆弱，輕薄的外殼保護了內在的柔軟，但是滾燙的水卻使其硬化。然而茶葉卻很獨特，茶葉改變了水。

「你是哪一種？」他問農夫。「困境敲門時，你要如何回應？你是紅蘿蔔、蛋還是茶葉？」

當你看著生命中面臨的問題，問自己：「我是哪一種？我是看似強壯，但遭遇困境就變得軟弱無力的紅蘿蔔嗎？我是起初有顆脆弱的心與流體的精神，但是經歷失去工作、感情分手、經濟困頓或其他考驗後，就變得無情緊繃的蛋嗎？還是我像茶葉？茶葉其實改變了熱水，也就是最初帶來痛苦的情境，水加熱時，茶葉釋出了芳香與氣味。若你像茶葉，當情況惡化至極，你反而會變得更好，改變周遭的情況。面臨最黑暗的時刻，考驗最嚴峻之際，你如何將自己提升至另一個層次？

你如何面對困境？你是紅蘿蔔、蛋或茶葉？

積極思考有助變通

別忘了偉大的眞理：你不需要遵循熟悉的做法或制度，也不需要如過去般機械化地反應，以新的方式反應與思考，你想要成爲達到目標的人。因此，從這一刻開始，你必須拒絕認同那些往往會拖累你的消極思考，改變你的思考模式，以不同的新方式解決面臨的問題。

要堅持

美國最偉大政治家的故事絕非平步青雲，而是堅持到底。他二十一歲經商失敗，一八三三年競選議員落敗。一八三四年當選議員。他心愛的人死於一八三五年。一八三六年他精神崩潰。一八三八年競選議長落敗。一八四〇年競選選舉委員落敗。一八四三年競選國會議員落敗。最後，他於一八四六年當選擔任一期國會議員，但一八四八年二度競選國會議員又落敗。一八五五年競選參議員落敗，一八五六年競選副總統落敗，一八五八年二度競選參議員又落敗。最後，他於一八六〇年當選美國總統。這些都只是亞伯拉罕・林肯人生中的幾許坎坷罷了。

世上沒有什麼能取代堅持。天賦無法取代，有天賦但不成功的人太常見了。天才無法取代，未獲得獎賞的天才幾乎都要成了諺語。單靠教育也無法取代，世上多得是受過教育的落魄者。單靠堅持與決心便無所不能。

宇宙萬物均會改變，我們毫無辦法。政治會改變，或許你一早醒來面對的是新總統或新國王，或是某處的革命。萬物均處於變動狀態。

面臨嚴重挫敗時，放棄並屈服於意志消沉似乎比較容易，但永遠不要忘了所羅門國王的古老傳說。

國王心情憂鬱，於是要他的顧問團幫他找出夢中見過的戒指。

他下令：「當我感到滿足時，我害怕快樂不會持久。當我不快樂的時候，我又怕悲傷持續到永久。幫我找來能撫平我痛苦的戒指。」

所羅門派出所有的顧問，最後有位顧問遇見老珠寶師，他在素面金戒環上刻下「這也會過去」。國王收到戒指，讀了上面刻的字後，憂傷轉爲喜樂，喜樂轉爲悲傷，最後兩者皆達到平衡。

沒錯，你當下的問題也會過去。你不可能失意一輩子。我們可以改變自己面對恆常之變的態度。重點不是發生什麼事，而是我們如何看待發生的事。

不是所有努力都能成功。成功的喜樂之間散落著失敗的苦澀。積極地應對失敗，我們便能將失敗化爲成功。

汽車界強人李・艾科卡（Lee Iacocca）的職業生涯低點出現在福特汽車公司將他解僱時。他如何在擔任克萊斯勒執行長的新工作上將挫敗轉爲成功，是家喻戶曉的故事。他在自傳中指出，當時新工作才開始便面臨了更大的挫敗，克萊斯勒瀕臨破產。軟弱的人或許當下便會放棄，而非由這次失敗走向下次失敗。

艾科卡拒絕被打倒。他召喚所有內在資源。他過去經歷過失敗，這回他不會再讓失敗打倒他。他將力量全部導向變通能力、創新能力、創意思考及毅力，迎戰並打敗該次危機。

主要思維

態度是我們打造能力、平衡與繁榮所憑藉的非實體物質。態度是我們導引人生的方式，改變態度便能改變其餘一切。你的心智態度是什麼？當然是這些能帶來偉大神奇的經驗與結果的主要思維。因爲當你改變你的心智，你也改變你的身體，畢竟，你的身體只是心智的影子，你的身體是心智的濃縮，如你所相信般實現。

事情出錯時，讓多數人失去彈性的便是消極思考。他們不讓自己的潛意識心智打開，做出必要的適應與改變。

你的主要思維讓你得以戰勝消極。只要你覺得自己可以，你就可以。你內在有著彈性的種子，你可以透過讓你堅強的無限力量令該種子萌芽。幾乎所有人都知道，要戰勝專橫的消極思考或情緒幾乎不可能，但你做得到。消極思維降臨時，無論是恐懼、憤恨、譴責、仇恨或是之類的思維，都要立即應對。砍掉它的頭，不讓它成長、茁壯，不讓它挑戰你的管轄、打敗你、讓你生病或失敗。因爲憤恨若在你心裡成長，便會開始主導你，你生命中的一切也會漆上恐懼的色彩，蔓延你所做、所說、所想的一切，更甚者，阻止你運用創意、創新並適應新的情況。

據說湯瑪斯·愛迪生失敗了一千次才成功發明白熾燈泡，但他不曾讓消極思維阻止他繼續變通並微調步驟。如本章稍早提及的李·艾科卡，他運用自己的變通能力與創意能力說服了國會提供資金，拯救克萊斯勒不致破產。

擴張你的內在資源

致力善用人生的男性女性永遠不會停止成長。他們永遠在行進中，因爲他們的目標總隨著他們更加茁壯、有效率而不斷向前進。他們只會在休息站稍作停留，把行李中不再需要的幾樣東西、拖累他們的阻礙拿出來，然後又繼續他們的旅程，他們在人生道路上全程皆是如此。

若你想接觸你的隱藏資源，想刺激你的成長與力量，你必須持續改進自己的某些地方：透過更近更敏銳的觀察增加你的智慧，持續加強你的知識，讓你的心理與精神展望都更廣闊，遠離自我，擴大你服務與幫助的範圍。停止害怕改變，對自己的能力有信心，以富想像力的新想法迎接挑戰。

Burberry執行長安潔拉・阿倫德（Angela Ahrendts）將她的成就歸功於觀察並仿效該領域的頂尖人物。她說她從服飾龍頭Warnaco執行長琳達・魏奇納（Linda Wachner）身上學習量化的才能，並從另一時尚設計師唐娜・凱倫（Donna Karen）身上學習創意的才能。琳達是數字專家，唐娜則教會她許多設計的事。

她在職業生涯初期離開唐娜・凱倫的公司，協助Bendel百貨在全美開立五十間分店。但十八個月後，董事會卻取消該計畫，據阿倫德形容是「我職業生涯中最慘烈的一擊。」然而她卻重新爬起，獲聘加入名牌服飾Liz Claiborne。她在該公司得以運用商業與創意才能，說服公司擴張買下名牌服飾Juicy Couture，這是原本凱倫公司的人不願意做的事。

國際連鎖精品品牌Burberry長期任職的執行長退休時，公司聘請阿倫德來取代她。她創新的概念與致力於接受新想法讓公司成功地擴張與繁榮。

當你纏繞了過多困難，想想許多像安潔拉・阿倫德這樣的人，是如何打開充滿可能性的密室。今天有成千上萬人能夠成爲更偉大的男性與女性、更好的丈夫與妻子、更好的律師、更好的醫生、更好的政治家，都是因爲遇上與阿倫德相似的挑戰。沒有什麼發現自我的方式會比閱讀振奮人心的書，或聽偉大演說家演講還要有效。那往往能攪動我們的最核心，喚醒新的衝動與新的決心，喚醒我們這些當時仍在沉睡，對於了解與利用我們內在力量仍渾然不覺的人。或許你也有過這種經驗，聽見某位偉大佈道者或講師分享，而他們似乎打開你本質中原本很可能永遠隱藏的新境界。

我們將自己的能力培養得越高，便越深入地汲取我們的資源；我們發現越多隱藏的自己，視野便越加成長寬闊。生命於是成爲永無休止的進程。

有些人直至中年都不曾發現他們的可能性，然後他們彷彿突然從漫長的沉睡中醒來，因爲他們讀了某些激勵人心的書，因爲聽見某段佈道或演講，因爲遇見某個擁有高尚理念的朋友，而該朋友了解、相信並鼓勵他們。

你身邊的人是否會尋找你內在的能力，相信、鼓勵並讚美你，或你身邊的人是否永遠在攻擊你的偶像、粉碎你的希望、對你所有抱負都潑冷水，對你來說會造成天地之差。

「生活電視台」（Lifetime Television）董事長暨執行長安卓亞・王（Andrea Wong）是個非常好的例子。她說在她的成長過程中，她父母認爲讓她經歷失敗是相當重要的事，她因此獲得許多力量。競選學校班長落選時，她學會拍去自己身上的灰塵繼續前進。她把這種精神帶入她的職業生涯：忙亂的電視製作圈。每一個暢銷節目背後都有數不清、永遠見不了世面的節目。她想出要將英國實境電視節目「與巨星共舞」（*Dancing with the Stars*）引入美國時，業界的人都覺得她瘋了，但她對此決定深信不疑，也說服電視台播出，該節目後來是當年的收視之冠。她的新角色是管理自己的電視台，面臨的挑戰是耕耘Lifetime這個品牌，爲達到目標，她召喚了從小便開始培養的心理信心，以及持續不斷學習與成長的努力。

從你的失敗中學習

你若訪問失敗大軍，會發現多數人失敗，是因爲他們從不曾進入刺激與鼓勵的環境，因爲他們不曾喚醒理想，或因爲他們不夠強壯，無法在憂鬱、沮喪或墮落的環境下振奮精神。我們在監獄與救濟院裡看見的多數人，正是環境引出他們最劣而非最佳本質之影響的例子。

無論你在人生中要做什麼，做出必要的犧牲，好讓自己待在能喚起理想的氣氛裡，這環境能刺激你自我發展。貼近了解你、相信你、會幫助你發現自己、鼓勵你盡力發掘自己的人。

對你來說，很可能造成飛黃騰達與平凡存在的差異。緊黏住那些想成就大事、想成為大人物的人，這些人擁有遠大的目標與崇高的理想。理想會傳染，你會感染主導你環境的精神，如果你的成就還沒有那麼好，你身邊努力向上、成功的人會鼓勵、刺激你更加努力奮鬥。

尼可拉斯．霍爾（Nicholas Hall）知道失敗只是相對的詞語。他把失敗直接植入公司名稱。身為連續創業企業家的他成立了StartupFailures.com（「創業失敗網」），該熱門網站起初是為紀錄企業家的冒險歷程。他表示，成功包含了重新爬起及戰勝自我懷疑。他認為失敗與成功是近親，而且他與兩者都很熟悉。他也鼓勵大家，並建議該如何重新站起。

霍爾的核心信念是**真正的失敗來自於不嘗試**。他也表示，失敗會伴隨成功而來，任何在私人生活或專業領域上成功過的人必定也失敗過。他說唯有願意重新爬起，你才有機會再次出擊。就算創業成功了，他也沒見過任何不曾面臨諸多實際或預期的失敗，才達到目標的創辦人……就連「微軟」與「蘋果電腦」也不例外！他承認，有太多人創業時都了解失敗是必經的過程，只是他們都希望自己能夠跳過該階段。

重新爬起最大的障礙是自我懷疑。不過，令人寬慰的是，雖然失敗不會隨著時間越來越容易接受，重新爬起似乎會變得更容易。訣竅在於把失敗當作過程而已，是繼續下去的關鍵。

謹記在心

1 **你不需要遵循消極的思考或反應**。開始積極地拒絕機械化反應。以新的方式反應與思考。你希望變得和平、快樂、容光煥發、健康、富裕及受到鼓舞。從這一刻開始，拒絕認同那些往往會拖累你的消極思考。

2 **不要害怕改變**。不要因為你覺得老闆或其他人不會同意便退縮。準備好變通、創造、修補、琢磨你的想法，迎向工作上的挑戰。

3 **世上沒有什麼能取代堅持**。天賦無法取代，有天賦但不成功的人太常見了。天才無法取代，未獲得獎賞的天才幾乎都要成了諺語。單靠教育也無法取代，世上多得是受過教育的落魄者。單靠堅持與決心便無所不能。

4 **消極思維降臨時，要立即應對**。不要讓它打敗你。憤恨若在你心裡成長，便會開始主導你，

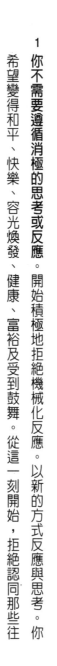

而你生命中的一切也會漆上恐懼的色彩。

5 **持續想著積極解決問題的方法**，將充滿韌性的思維與變通的意願輸入潛意識心智，你便能克服改變的恐懼，進而抗拒消極思考。

6 **無論你在人生中要做什麼，做出必要的犧牲，好讓自己待在能喚起理想的氣氛裡**。貼近了解你、相信你、會幫助你發現自己、鼓勵你盡力發掘自己的人。對你來說，很可能產生飛黃騰達與平凡存在的差別。

7 **或許會失敗，但不要讓失敗摧毀你**。一切都會過去。重點不是發生什麼事，而是我們如何看待發生的事。

第7章

克服擔憂與壓力

傾注汪洋大海亦無法沉沒一艘小船，只要船不進水：
同樣地，世上所有的問題、挑戰與困難都無法沉沒你，只要你不允許它們進入內心。

漫長的擔憂會奪去你的活力、熱忱與精力，徒留衰弱的肉體與心理。醫學專家指出，長期擔憂是許多疾病的肇因，例如氣喘、過敏、心臟問題、高血壓等族繁不及備載的疾病主因。

擔憂的心智相當困惑又分裂，漫無目的想著許多不實之事。雖然我們很多人都有眞實的問題，例如家人生病、失去工作，多數擔憂卻都源自於怠惰、懶散、無動於衷與冷漠。睡醒時，你無需想著令人擔憂的事情，你可以想著和諧、和平、美、對的行爲、愛與理解。你可以將消極思維替換爲積極思維。

史提夫L.一直擔心自己的身體，但是經過全面健康檢查後，醫生卻說他生理上沒有任何問題，只是患了焦慮神經症。焦慮神經症說白一點就是單純的長期擔憂。而回到Worry（擔憂）的字根會發現，意思是「扼死、窒息」，也正是史提夫在對自己做的事。

他經常擔心金錢、擔心工作、擔心未來。他對成功與富裕的憧憬因長期擔憂而受到阻礙，如此苦惱也消耗了他的精力，他經常感到疲憊與憂鬱。

醫生建議他一天與自己安靜對話三至四次，鄭重對自己宣告，全能之神已經給予他靈感與希望，他只需要與造物主接軌，讓來自源頭的和諧、和平與愛流遍他全身。以下是醫生建議他進行的冥想：

上帝（或至高智慧）給了我如此的渴望。我體內有著全能的力量，讓我能成為、做出、擁有所想的。全能的智慧與力量支持我，讓我能達成所有目標。我不再想著阻礙、延誤、障礙及失敗。我知道繼續順著這個方向思考，能建立我的信仰與信心，增強我的力量與沉著，因為上帝給予我們的不是恐懼的精神，而是力量、愛與健全心智的精神。

他經常有系統地冥想這些話語。這番真理進入他的意識心智，大腦接著將療癒的共鳴送往全身，再進入潛意識心智，如心靈的盤尼西林般摧毀擔憂、恐懼、焦慮與所有消極思維的細菌。一個月後他便察覺到出生即植入他內心的力氣、力量與智慧。因爲共享了深鎖潛意識的心靈藥物與無窮智慧，他戰勝了擔憂。

分解你的擔憂

工程師安迪F.表示，他看待擔憂如同看待工程問題。「每當我在工作上碰到技術問題，」他說，「我會拆開機器，分解成一小塊一小塊。然後我會問自己：『這些是從哪裡來的？每一塊代表什麼？我要怎麼應用到整體的問題？』面對擔憂時我則問自己：『這些擔憂有什麼力量嗎？背後有什麼原理嗎？』」

他靠著冷靜、理性的思考與邏輯分析，支解擔憂，然後發現只不過都是心裡的陰影，虛妄的錯覺。沒有實體，只是心裡的陰影。

陰影不具力量！多數擔憂都不過是如此：只是你心裡的陰影。沒有實體、背後不具任何原理或眞相。這些擔憂都只是邪惡陰影的聚集，消除陰影的方法便是將它們化爲現實好好面對。

你的身體會反應心裡的想法

醫生會告訴你，他們多數的病患都很擔心他們**未患有**的疾病，其實他們患的只是微恙症狀。醫生稱爲「心身」（Psychosomatic）症狀。該症狀字根Psycho意指「心」，而Somatic則是

「身體」。你心裡所想的會由身體反應出來。

康乃狄克州哈特福市某大型保險公司副董事長擔心自己的心臟不好。他最親近的朋友、大他二十歲的男子，最近心臟病發，他深信自己也會如此。他去看了心臟科專家，醫生幫他照心電圖，發現他的心臟正常，問題是心身的。他朋友的心臟病促使他過度擔心自己的心臟，而且他還眞的出現胸腔痙攣與其他心臟問題的症狀。醫生告訴他，治療他的方法不在醫學叢書裡，而在他的潛意識心智。醫生的處方箋是要他冥想健康，直到原本的錯誤想法從他的**心靈**抹去，他的**身軀**便會跟著反應，結果只花了幾個星期。他運用偉大的替代法則，再三重複好的想法直到心智接受了事實，進而放他自由回歸平靜。

是需要下一點功夫，但你也做得到。這是一門功課，需要意志力。「我會克服。我會正面迎戰。這只是我心裡的陰影，我不會賦予陰影力量。」保險公司主管出現情緒性痙攣，是因爲他不停想著自己心臟不好。但他的心臟沒有不好，所以他完全痊癒了。他治癒了什麼？他心裡錯誤的信念。

力量在你心裡

每當恐懼或擔憂降臨或你覺得自己無法完成什麼，安靜、定下心來安靜，了解無窮的力量在你心裡，了解上帝的愛沒有邊界，了解無窮的智慧、無窮的生命、美妙的智慧、絕對的力量與絕對的和諧。

若你召喚，它便會回應你，無窮的智慧會回應你的思維。這類禱告或冥想會帶來全然放鬆，安靜你的心智。處於如此放鬆的存在狀態，思考你想成爲什麼、想做什麼或想擁有什麼，你內在的無窮精神便會回應你對其懷抱的信念與信心。這種信念會滲入你的潛意識，加強你應付任何問題的力量。

多年來，卡洛斯J.爲公司行銷部門畫著圖表。卡洛斯一再因他展現的清晰與準確獲得讚賞，對自己的工作非常有安全感。然而，隨著電腦科技的發展，逐漸不再需要像卡洛斯這種技術人才。與其抱怨這樣的不公平或埋怨自己的霉運，卡洛斯反而說服公司讓他接受電腦繪圖技巧的訓練。他努力學習，掌握了新的技術。他發現先前的圖表繪製經驗讓他擁有獨到的電腦繪圖知識，掌握了該項技術而成爲頂尖執行者。

不要讓任何事使你心煩，不要讓任何事使你恐懼，不要讓任何事使你困擾，不要讓任何事使你動怒。你是主人。你掌控了自己的思想國度：你的思維、感受、情緒與反應。你是自己思想國度的國王。每當負面暗示接近你，你可以說：「我的內在擁有能克服該事的能力與力量。有了無窮力量的協助，我就能找到其答案。」

將積極思維注入你的意識心智

擔憂與恐懼唯有在你允許的情況下才能主導你的人生。你擁有將它們自生命中剔除的力量。你內在擁有如此的存在力量，改變你人生的力量。透過禱告與冥想，透過對你精神自我的執著，透過對神聖力量的信任，你將克服你的恐懼與憂慮。若你將積極思維注入你的意識心智，你的意識心智會在面臨困難時積極應對，找出能夠走向更快樂、和平、值得的人生答案。

許多人失敗是因爲他們經常停下腳步好奇自己最後會如何，會否成功。如此經常性地質問結果會引發懷疑，對成功而言相當致命。

成功的祕訣，無論是工作上或人生其他方面，在於專心。任何方面的擔憂或恐懼對心理專注力都是致命的，而且會扼殺創意能力。員工在工作上最常見的受苦原因是害怕作威作福的老闆，這種老闆經常威脅要處罰甚至開除他或她不喜歡的員工。在這種情境下工作絕不容易，也經常有許多人身陷其中痛苦不幸。他們整體的心智體縈繞著相互矛盾的情感，根本不可能有效率。

你不太可能改變老闆的人格，但你可以學會與它共處不至筋疲力竭。每當你發現自己擔心或煩惱或對這種待遇感到焦慮，停頓一會兒然後對自己說：「這種不是有智慧、懂思考的人過的人生，不是眞正的人的生活。」當然，若有可能在機構內轉換工作或離職跳槽，走吧。但如果沒有這種選擇，每當老闆斥責你，重複對自己說：「我不會讓這種事毀了我的人生，我會保持工作上的平衡，並且知道儘管老闆的態度如此，我依舊盡了我的全力。我不會讓這種事破壞我的心情。」這種思維或許無法改善情況，卻會讓你能夠接受，並在工作之外尋求滿足與成就。

放鬆你的身體，安靜你的心智

預定明天早上要由老闆進行你的年度績效審核。你要怎麼做？你可能會擔心老闆要說什麼，你可能會想起所有犯過的錯、沒趕上的截止期限或其他問題。你的潛意識心智可能載滿了會讓你當晚失眠的消極念頭。

與其如此，不如假設你清楚心智的原則與精神之道。與其擔心審核，你可以在椅子或沙發上坐下，動員你的注意力。先放鬆，身體放鬆的時候，心智也會安靜。你對自己說：「我的腳趾放鬆了，我的雙腳放鬆了，我的肚子肌肉放鬆了，我的心與肺都放鬆了，我的脊椎放鬆了，我的脖子放鬆了，我的雙手與雙臂放鬆了，我的腦袋放鬆了，我的雙眼放鬆了，我整個人從頭到腳都放鬆了。」

當你放鬆了，你的身體必須聽你的話；當你放鬆並相信了，你的禱告必會有回應。你若不放鬆便無法獲得結果。**放鬆並相信**。當你放鬆身體，你也放鬆了心智。你的心智變得安靜與沉靜。所以你該怎麼準備過去對你來說一直是折磨的任務呢？你應該專注於過去一年的所有成就：你降下的成本，你建議的創新，你滿足的客戶，以及所有參與過的積極行動。若你在腦海裡播放該齣電影，並且持續播放，你便準備好了。

隔天早上見到老闆時，你會帶著更強壯積極的態度，擔憂已經由信心所取代。沒錯，老闆或許會指出你該改進的空間。那是你老闆的工作，我們人人都有進步的空間。但是你會當它們是積極的建議並非批評而接受。你已經設定好潛意識的功能，將對工作的憂慮與擔憂取代爲保證，知道你自己表現很好，而且願意、能夠做得更好。

你覺得你有困難？

有個古老的智者故事，他熱愛生命的不可思議，是神祕主義者，他教導世上所有人圍成一個大圈。他們在圓心投入所有困難、抱怨、誤會、心碎、病痛、不足與限制，各式各樣的問題。然後他們獲許，應該說命令、規定要檢視所有悲傷（一大團的困境），然後選出任何他們希望是自己的問題。那一大群人變得沉默，他們變得非常安靜與沉默。經過許久的沉思與充分的考慮後，每位男性與女性都回到圓心，把他或她自己的問題取回，各自回家。沒有人，沒有任何一個人，決定選取、挑選或承擔他人的包袱、煩惱、試煉或磨難。

嘗試解決他人問題很是誘人，卻是謬誤且完全浪費、消耗我們的精力。就算集合世上所有的好意與善良意圖，無論我們可能如何地渴望，也都沒有足夠的能力解決他人的困境。

但最終只有我們自己有能力應付我們自己的人生，因爲那是我們自己的產物。我們可以藉由改變信仰來改變或改善人生，只要記得自己到底是誰。我們必須持續提醒自己接受我們的遺產與傳承，接受所有的眞善美。

打敗憂鬱

多數人的生命中總有工作偏離軌道的時候。工作成堆，趕不上截止日期，無論如何努力工作似乎永遠也跟不上，你會變得憂鬱。

當你感覺憂鬱襲來，用力將心智專注於完全相反的特質。要記得你過去也曾在工作上面臨危機，並且克服了。對所有人抱持歡樂、信心、感恩與善意的理念，你會很訝異那些阻撓你、讓你生命苦不堪言的敵人是如何迅速地消失，正如窗簾打開、陽光射入時黑暗的消散。我們不是驅逐黑暗，而是引入解毒劑、光芒，瞬間便相互抵消。當你的壓力是要趕上期限，當老闆否決你努力的專案要你重新來過，當你失去達到業績所需的買賣，一切似乎都出錯，而你感覺「憂鬱」慢慢抓住你，不管手邊在做什麼都停下來，用心驅逐心智裡的敵人，用敵對的暗示抵消、殺死它們。你很清楚知道，無論受苦當下有多麼難以維持，活潑美麗的思維很快便能爲你抒解痛苦。若你缺乏，先假想著活潑帶有希望的美德，很快那美德便會是你的。

若你是自己情緒的受害者，直搗其中積極參與，眞正對周遭一切感興趣。暫緩處理工作上的問題。短暫休息往往能讓心智煥然一新，有助你回來後更清楚地思考。要快樂，對他人感興趣，不要只想著自己。帶著熱情加入與朋友、家人的計畫，或加入他人與你有關的計畫或玩樂，就能遠離自我。

不要一直想著眼前的煩惱。回憶過去的成就，回憶你如何達成。回想那個他人都放棄，你卻解決的棘手任務。記起過去老闆如何稱讚你的創意、勤奮與忠誠。思緒停留在勝利時刻，而非爲著失敗片段痛苦。你的心智會清晰，有助你找出解決眼前問題的方法。

不要用當前面臨的小小困擾來衡量你的未來。今日遮蔽你太陽的烏雲明日便會消失。學會看長遠的人生，賦予事物正確的價值。

你是自己思維反應的主人。你可以隨心所欲地命令你的思維，專注於你所選擇的冥想主題。你是自己思想國度的君主，你可以根據自己所好命令從屬：思維與感受，而且它們必須聽命於你。你是自己心理國度的絕對君主，擁有剔除領土內所有敵人的力量。

擔憂與恐懼是心智的不實信念。只要你拒絕去想，不實信念便會死去。任何擔憂都是你信念錯誤的自然警訊。改變思維便能釋放自己。擔心的人永遠認爲事情會出錯。他們會告訴你爲什麼某件壞事會發生的所有原因，卻沒有一個原因是爲什麼好事應該或可能會發生。此類擔憂會讓他們虛弱，更無法面對任何可能出現的挑戰，因爲他們吸引的正是心理一直想著的不利環境。

我們印記於潛意識心智的恐懼與擔憂觀點，幾乎確保了會突然爆發某種相呼應的挑戰或困難。

以下九個方法能減輕工作上的壓力與擔憂：

1 **學會放鬆**。工作的日子裡，每天都預留時間讓你能花幾分鐘的時間獨處，深度冥想或進行計畫好的放鬆練習。短暫的休息往往能讓心智清醒，有助你回來後想得更清楚。

2 **去散步**。若你能離開辦公桌或隔間，去散步。走出大樓，繞著大樓或停車場散步，呼吸新鮮空氣。若你受限於大樓內，在裡面散步。離開壓力來源往往有助於減輕壓力。

3 **相信自己**。不要讓來自他人的壓力或批評控制你的情緒。

4 **探索你的靈性**。每當你感覺到壓力，召喚你的宗教或靈魂信仰，指引你邁向平靜。

5 **持續學習**。持續學習的體驗能讓你保持警覺、心態開放及興奮。

6 **建立後援會**。擁有朋友與團隊成員在事情不順遂時支持你，可避免巨大壓力。

7 **僅接受對完成你工作任務來說重要的責任**。禮貌地拒絕其他會耗損你時間與精力的案子。

8 **尋找運用創意的新方法**。重新思考你執行例行任務的方式，就能讓工作不那麼無趣並減少壓力。為新任務創意發想，負責起來就不那麼有壓力。

9 **歡迎改變**。將改變視為新的挑戰，而非對現狀的威脅。

謹記在心

1 當你擔心工作，你會悶著想許多根本不會發生的事，耗盡自己的生命力、熱忱與精力。

2 你若維持擔憂的習慣，便可能招來你擔心的事物。

3 擔憂與恐懼是心智的不實信念。只要你拒絕去想，不實信念便會死去。任何擔憂都是你信念錯誤的自然警訊。改變思維便能釋放自己。

第8章

戰勝恐懼

面臨不正常的恐懼時，將你的注意力擺在最立即的渴望。全神貫注地沉浸於你的渴望。這般態度會賦予你信心，提振你的精神。你潛意識心智的無窮力量爲你而啓動，絕不會失敗。因此，平靜與沉著都屬於你。對於失敗的恐懼本身會締造失敗。

我們多數人都會擔心工作與生活上出現的問題，而如前一章所提，我們能學會應對。然而，有些時候問題似乎太過沉重，我們就是無法面對。恐懼取代了信心在我們潛意識心智的地位。

恐懼在病態心理狀況中最爲廣泛，極其慘烈地反應於全身。恐懼有多種程度與等級，從極爲憂慮、畏懼或驚駭，到對迫在眉睫之惡產生最輕微的不安。但基本來說都是一樣的，癱瘓的無力感籠罩生命核心，能透過神經系統媒介於體內所有組織引發病症。

恐懼正如灌入大氣層的碳酸氣體，會造成心理、精神、靈魂窒息，有時甚至是死亡，精力之死、組織之死、所有發育之死。

無數人因不願面對某種迫在眉睫之惡而苦，即便最幸福的時刻也因此受苦。他們的幸福受到毒害，於是他們永遠無法因任何事情感到愉悅或安慰。那是宴會上僅自己可見、會讓人精神錯亂的鬼魂，是衣櫃裡的死人骨頭、不見天日的祕密。根深蒂固地深入他們的生活，因他們的過度羞怯、縮小、扭捏的姿態而突出。

我們經常害怕工作上所做的決定會導致我們失敗、遭老闆批評、降職甚至解僱。這會導致頭痛、潰瘍及情緒問題。恐懼是工作苦悶、職涯無所進展，甚至遭開除的最大肇因。

恐懼會主導你的人生

擔憂、焦慮、憤怒、嫉妒與羞怯都是恐懼的初期症狀，除非能辨識出來並加以處理，這些症狀會轉移成恐懼。恐懼是不快樂與無效率的主要起因，比什麼都還能使更多人變成懦夫與敗者，迫使更多這類人邁向平庸。

人懷抱著恐懼感或不詳預感，所做的任何事情效率都不高。恐懼會扼殺創意、英勇與膽量；扼殺個體性也減弱所有心理歷程的效果。處於對某種迫在眉睫之危險的恐懼下，絕對無法成就偉大的事。恐懼永遠暗示著軟弱，代表懦夫的存在。屠宰了年歲，犧牲了幸福與抱負，摧毀了職業生涯。

恐懼會壓抑正常心理行爲，讓人無法在急難時做出明智的行爲，畢竟沒有人能因恐懼而癱瘓時還能思緒清晰、行爲明智。當你對從事的一切感到憂鬱沮喪，當你深怕自己失敗、飽受貧窮與家庭陷入苦難的幽靈思緒纏繞，你會發現自己還來不及反應就已經招來你最不想要的一切。

無須恐懼。反覆對自己強調。慢慢地，你的潛意識便會接受此想法，你的潛意識便會相信它，因爲你的意識、理性的心智已經相信了。無論你的意識心智相信什麼，你的潛意識都會將它以戲劇方式展現出來。不要搖擺不定含糊推託，你的潛意識心智知道你什麼時候是眞心的，什麼時候是眞的相信，然後會接著回應。若你不向恐懼投降，而是心智堅持想著成功，呈現帶有希望、樂觀的態度，以有系統的、經濟的、懷抱遠見的態度管理生意，實際的失敗就會相對地稀少。

將你的思維從恐懼改成信仰

我們有能力透過改變思維輕易地摧毀恐懼。恐懼讓人憂鬱、壓抑、感到窒息。若沉溺其中，會將積極、富有創意的心態改變成無生產力的消極心態，對成就而言會致命。恐懼的影響會導致生命的源頭乾涸，特別是當恐懼思維已經成了慣性。取代恐懼的信念會對身體及腦袋造成完全相反的效果。信仰會使本質擴大、開放，給予細胞豐富的生命，增加腦力。

恐懼會對想像力造成巨大災害，想像出各種極爲可怕之事。信仰是其最佳解毒劑，因爲恐懼只能看見黑暗與陰影，信仰卻能看見一線希望，看見雲層背後的陽光。恐懼會向下看，預期最壞的事；信仰卻會抬頭看，期待最好的事。恐懼總預言著失敗，信仰則預言著成功。信仰若占滿心智，便不會害怕貧窮或失敗。信仰存在之處，沒有懷疑的空間，信仰超越所有逆境。

安德魯L.是極具天賦的小提琴手。他是高中管弦樂團裡最優秀的小提琴手，老師鼓勵他朝職業演奏會發展。安德魯可以在管弦樂團內表現極爲出色，也能在小型演奏會上獨奏。於是，當學校管弦樂團獲得在大型演奏廳表演貝多芬小提琴協奏曲的殊榮時，安德魯獲選擔任獨奏小提琴手。他在排練過程中演奏優美，到了演奏會當晚，面對滿座的演奏廳，他卻僵在台上。恐懼將他吞沒以致無法演奏，最後還得由人帶下台。

從那一刻起，安德魯拒絕再演奏。他選擇了其他職業發展，卻總夢想著職業的音樂人生。安德魯的音樂職業生涯是否有挽救的機會？當然有。其他男性女性也都曾戰勝舞台恐懼，進而成爲偉大的演員、音樂家、歌手及演說家。他們拒絕讓一次，甚至多次失敗阻止他們。他們相信自己。

強大的信仰是重要的資產，因爲不會焦躁；信仰的視野超越短暫的不悅、混亂與困難；信仰能看見雲層背後的陽光。信仰知道結果會是好的，因爲信仰能看見肉眼看不見的目標。

戰勝恐懼

準備戰勝恐懼時，我們必須先了解恐懼的對象到底是什麼。永遠是還沒發生的事情：不存在的事情。困難存在於我們的想像中，其可能性讓我們害怕。

許多人都害怕走在高處的狹窄空間。若同樣的狹窄空間是在地板上或房間內，他們就能安穩地走在線內，絕不會想到是否會失去平衡。行走於這種地方最危險的事便是害怕掉落。頭腦冷靜的人毫無恐懼，他們不讓可能發生危險的思維戰勝自己，而是完美掌控自己肉體的力量。空中飛人只要戰勝恐懼，便能表演許多讓觀眾驚豔的特技。

以最爲普遍的恐懼爲例：失去工作。那些因擔心可能的不幸，而讓自己生活悲慘的人並沒有失去工作，他們沒什麼苦好受，也沒有匱乏的危險，因此現有狀況其實是滿足的。若眞的遭到解僱，擔心這件事也太晚了，先前的擔憂也只是白費，毫無益處，只是削弱了個人努力尋求其他工作的必要精力。當下的擔憂往往是怕找不到其他工作。若眞的找到工作，那些擔憂也同樣白費了。不管在任何情況下，任何時候爲該處境擔憂都不具正當理由。擔憂的目標永遠是對於未來的想像情境。

爲了戰勝你的各種恐懼，追隨每一項直到達成合乎邏輯的結論，並說服自己，現階段你害怕的事物僅只存在於你的想像。無論未來是否成眞，你的恐懼都是浪費時間、精力及實際的體力與心力。停止擔憂，正如你會停止吃或喝下你深信會讓你不適的東西。若你一定要擔心什麼，擔心擔憂會帶來的可怕影響吧，或許會有助於你找到解藥。

尚未訓練你的心智拋棄恐懼的暗示、對抗所有導致恐懼的思維之前，僅說服自己所恐懼的都只是出於想像是不夠的。這表示需要不停的留意以及警覺的心力。當不祥預感或擔憂思維開始自我暗示，不要沉溺其中讓它們茁壯變黑。將你的思維改變成可採取的正面積極行為。

若你害怕的是個人的失敗，不要去想自己有多麼渺小脆弱、面臨重大任務是如何地準備不足、如何確信自己會失敗，反而是去想你是多麼強壯適任、你曾如何成功地完成相似任務、你要如何運用過去所有的經驗迎戰當下的事件、得意地完成任務，並爲下次更重大的任務做好準備。無論是否有意識地採取該態度，是這樣的心態讓人能前往更高更遠的位置。以輕鬆、富有希望、充滿信心的思維排擠恐懼之原則，也可應用於每天許多不時困擾我們的各種恐懼。

正如同恐懼會使你衰弱，戰勝恐懼本身也能促使你達到更大的成就。某個陰雨起風的日子，長腿醫學院學生很擔心，他有場比賽要跑，恐懼讓他臉色發白。事後有人形容他看起來彷彿是要坐上電椅或接受酷刑的人。他的教練也對天氣懷有相同恐懼，但他們對坐在火車上時，他絲毫未透露自己的心情。賽跑選手害怕逐漸增強的風會在他的四圈各加上關鍵的一秒。教練知道這種懷疑會對運動員造成怎樣的傷害，於是他安慰賽跑選手，是的，他有著能完成該做之事的雙腿……亦即，他有合適的動機，有著想這麼做的好理由。他告訴害怕的賽跑選手，他的心智能戰勝任何逆境，而且他知道愛爾蘭有位厲害的運動員，他在缺乏訓練及適當食物、單靠跑步意志的情況下跑贏了困難的賽跑。然後教練問，若這是你唯一的機會呢？賽跑選手後來表示他就是需要教練告訴他，他做得到。他只是需要聽見那震耳欲聾的聲音告訴他，他希望是自己內心的事實：他能戰勝這最大的挑戰，無論條件有多嚴苛。佛里茨・胥坦福（Fritz Stampfl）教練後來寫道：除了體能，賽跑選手最大的資產便是冷靜精明的頭腦，加上信心與勇氣。他當然很清楚，因爲他才給了知名英國賽跑選手羅傑・班尼斯特（Roger Bannister）勇氣，打破一英里跑四分鐘的紀錄。

掌管你的心智

我們必須學會掌控我們的思維、感受與反應。我們絕對不能讓恐懼爲我們下決定。我們必須取得主控權，然後對恐懼說：「我是主人，我要命令我的思維，我不害怕下這個決定。」告訴你的心智該注意什麼，然後你就能像老闆命令員工執行他或她的指示地對心智下令。

你必須掌控自己的心智，不能允許他人代你支配。信條、教義、傳統、迷信、恐懼及無知控制了一般人的心智。世界上最大的沙漠不是撒哈拉，而是一般人的心智。太多人未擁有自己的心智，他們不努力爲自己思考。他們任由家中其他有主見的家人、老闆的意見或工作上有主見的同事掌管他們的心智。不要讓這種事發生在你身上。建立起潛意識心智的力量，抵抗他人的統治，主張你掌控自己命運的能力。

檢視你的恐懼

某主要跨國企業的業務主管坦承，他剛開始擔任業務人員時，每回都得繞街廓走個五、六圈，才能鼓起勇氣打電話給客戶。

他的主管經驗老到也觀察入微。有一天，她對他說：「不要害怕躲在門後的怪獸。根本沒有怪獸。你只是受害於不實的信念。」

主管接著告訴他，每當她感覺到恐懼開始騷動，她便會起身面對。她會面對面地直視恐懼。每當她這麼做，她都會發現自己的恐懼逐漸消退，縮小到無足輕重。

莎拉的老闆艾格尼絲是個暴君。她經常微觀控制所有下屬的工作。她總是很快批評，永遠不會讚美或認可做得好的工作。莎拉很不想去上班，每當艾格尼絲靠近她的工作空間，她都會眞的發抖。

她發現同事蘿貝卡似乎都不受艾格尼絲的冷嘲熱諷所擾。莎拉問她何以能在如此情況下保持平靜。蘿貝卡說：「我剛來的時候，非常害怕艾格尼絲，差點要辭職，但我需要這份工作。

我決定除非我願意，否則不會讓艾格尼絲或任何人毀了我的人生。我發現唯一能讓我悲慘的只有我自己。若我讓艾格尼絲害我覺得不如人，我就會不如人。所以每當她斥責我，我都左耳進右耳出。我封鎖她的消極態度，專注於我生命中美好的事物。我只點頭說：『是的，老闆。』然後就繼續工作。妳試試看。不會立即生效，但過一陣子，妳就有辦法讓艾格尼絲的咆哮掠過妳，不起任何作用。」

莎拉遵照蘿貝卡的建議。雖然工作環境沒有改變，她自己的感受及反應則讓她更能忍受這份工作。

靈感會從挫敗中帶來勝利

或許過往對妳來說只是苦澀的失望。回顧時，你或許覺得自己是個失敗者，或最多只能拖著沉重的步伐平庸過日。你或許沒能在特定期望的事件中成功，你或許期望能賺錢卻反倒虧錢，你或許失去了非常重要的朋友或親人，你或許倒了生意，甚至連你的家都可能因爲付不出貸款而遭人奪走，或因爲生病而無法繼續工作。嚴重的意外可能顯然剝奪了你的力量，新的一年對你來說或許有著沮喪的遠景。然而，儘管發生任何一件或全部的不幸，只要你拒絕被征服，勝利就會在前方途中等著你。

若你因爲犯了錯或疏忽、生意失敗、房產遭常見災害摧毀，或其他不可能避開的困難而失去勇氣、害怕面對世界，也不必覺得自己不如人。

這是對你勇氣的測試：在你失去自己之外的一切之後，你還剩下多少？若你現在躺下，雙手高舉，承認自己被擊敗了，那麼你便沒剩多少。但是，若你心無所懼，面朝前方、拒絕放棄或失去對自己的信心，若你唾棄逃避，你便會證明自己超越你的損失、超越你的負擔、超越所有挫敗。

你或許會說自己太常失敗，努力也沒有用，你根本不可能成功，而且你跌倒的次數多到連想試著再爬起來都難。胡說八道！對於精神未被征服的人來說沒有失敗可言。無論時間多晚，或你重複失敗了多少次，都還是可能成功的。在日常生活中、報紙紀錄的、傳記所記載的，或展現我們眼前的，我們一再地看見男性女性從過去失敗中翻身，從沮喪的恍惚中清醒，勇敢地再次向前看。

若你充滿勝利的能耐，若你內在擁有韌性與魄力，你的不幸、損失與挫敗會召喚它們出現，讓你更加強壯。「是挫敗。」亨利．瓦德．畢察牧師（Rev. Henry Ward Beecher）說：「將骨頭化爲燧石，將軟骨化爲肌肉，讓我們無敵。」

人必須一再地爬起，從挫敗中揪出勝利。這就是所有活過的勇士與崇高之人成功的祕訣。

我們在人生中曾多少次遇上危機，當面臨阻礙讓我們認爲會是可怕的災難，若我們無法避免可能會毀了自己！我們害怕自己的抱負會受到阻撓，或者我們的人生可能會遭摧毀。當我們越來越靠近我們認爲可能淹沒自己的衝擊卻完全無法躲避，那種畏懼相當可怕。

有些人可能大半生都過得不錯，一切都很平順。當他們的房地產逐漸增加，建立更多友誼與名聲，他們的性格似乎強壯又平衡；不過一旦問題上門、生意失敗、恐慌或發生讓他們失去一切的重大危機，他們便不知如何是好了。他們沮喪，失去元氣、勇氣、信仰、希望，以及再試一次的力量，失去所有。恐懼滲入他們的潛意識心智，主導他們的人格。

若非如此不可，放棄一切，但絕對不要放棄自己。不要對恐懼投降，用希望取代恐懼，用盡全力緊緊抓住。你遠比任何實際會面臨的失敗還要偉大，那些失敗根本不會出現在你的自傳中，而且僅會被視爲你職業生涯中的小插曲：不方便，但不太重要。

謹記在心

1 **恐懼與擔憂會為我們招來最不想要的一切**。恐懼的習慣會損害健康、縮短生命、癱瘓效率。懷疑與恐懼代表了失敗；信仰是樂觀主義者，恐懼是悲觀主義者。

2 **信仰是其最佳解毒劑**，因為恐懼只能看見黑暗與陰影，信仰卻能看見一線希望，看見雲層背後的陽光。恐懼會向下看，預期最壞的事；信仰卻會抬頭看，期待最好的事。恐懼總預言著失敗，信仰則預言著成功。

3 **剔除思想中所有的不實信念、成見與迷信**。命令你的心智與思維全心接受：你所尋找的已經存在於無窮的心智，你只需要在心理與情感上認同，就會實現。

4 **太多人害怕運用他們的心智**。他們任由老闆的意見或工作上有主見的同事掌管他們的心智。不要讓這種事發生在你身上。建立起潛意識心智的力量，抵抗他人的統治，主張你掌控自己命運的能力。

5 **你比任何實際會面臨的失敗還要偉大**。無論面臨什麼樣的逆境、失望或失敗，你都能勝過它們。永遠不要失去你的沉著。

第9章

強化創造能力

想像力是你最強的能力。
想像美好的、名聲好的。你就是自己想像的樣子。

創意起始於想像力。我們說的是有紀律、受控制、有方向的想像力。想像就是要構想什麼，印記在你的潛意識心智裡。無論印記什麼於潛意識，都會以外型、功能、經歷與事件展現於空間的螢幕上。若你希望成功，你必須先想像自己是成功的；若你希望富有，你必須先想像自己是富有的。

當世界說：「不可能，辦不到。」擁有想像力的人會說：「辦到了。」想像力能貫穿現實的深度，揭露本質的祕密。

相信你的想像力

有位偉大的工業家說明自己如何從一間小店開始。他說：「我以前會想像自己擁有大型企業，全國各地都有分公司。」他還說，他會定期有系統地在心裡想像巨型大樓、辦公室、工廠及商店，知道自己透過心智的煉金術，便能編織出將被覆他夢想的布。他事業成功了，也開始透過宇宙的吸引力法則吸引符合他發展理想的想法、員工、朋友、金錢以及一切。

所以這個人眞的運用了他的想像力，與這些心智模式生活在一起，直到想像力將它們包裝成型。他的結論是：「想像自己成功就和想像自己失敗一樣容易，但比較有趣。」

無論你構想什麼，都能賦予其概念。你爲潛意識心智灌輸想法、理想的樣貌。祖先說，靈魂能看見你心智裡的隱形之物。發明在哪裡？新的戲劇在哪裡？你的祕密發明如今在哪裡？在你的心智裡。是眞的，在心智的另一面有其外型、形狀與實質。相信你現在已擁有，便會獲得。

想像力——行動的種籽

人如何靠想像力創造出最成功事業的最佳範例，便是「星巴克男子」霍華・舒茲（Howard Schultz）。需要擁有遠見、剛毅與堅定不移的信心，才能讓新的構想成功。

舒茲獲聘爲星巴克咖啡店管理零售業務與行銷，當時星巴克還只是西雅圖的一間小小咖啡批發商，沒幾間零售據點。那年他二十九歲，剛結婚。他與妻子離開紐約的家，接下新工作。

大約一年後，舒茲在採購旅途中造訪義大利。他在米蘭閒逛時，發現咖啡對義大利文化有多重要。一般來說，工作的日子都從咖啡吧的一杯濃郁咖啡開始。下班後，朋友與同事再次聚集咖啡吧，悠閒地休息一下才回家。那是義大利社交生活的核心，舒茲想像將這樣的咖啡吧轉移到美國。從沒人這麼做過。但他認爲可行，因爲星巴克有高品質的咖啡。

舒茲想像未來全美國會有上百間星巴克咖啡廳。商業人士會在上班途中與下班後進來放鬆，逛街的人會停下來買一杯帶走，年輕人會跟約會對象喝咖啡而不是雞尾酒，全家人會在看電影前後進來休息一下。

這成了舒茲的執念。他立志要按照義大利咖啡吧的模式打造全國連鎖咖啡廳，但星巴克老闆卻不太願意。他們從事的是咖啡豆批發生意，擁有的餐廳也只是營運的一小部分。

爲了執行他的目標，舒茲離開星巴克，創立新的公司。一九八六年，他在西雅圖開了第一間咖啡吧。瞬間成功，舒茲很快又在西雅圖開了第二間，溫哥華第三間。隔年他買下星巴克咖啡公司，自己的企業也引用同名。到了世紀末，星巴克已成了美國文化的根基，擴張到世界數十個國家。

洛杉磯商人理查D.遭逢巨大財務損失。他祈禱有人指引他該如何繼續他的人生。他有種強烈的感受，覺得自己應該走進沙漠。在沙漠尋找靈感時，他突然有了想法。他與在洛杉磯經營房地產公司相當成功的老朋友分享這個想法，他說他在荒漠中看見無比的潛力。他能想像人們離開洛杉磯、從東邊出走，來住在這個現在還是沙漠的地方。在心裡，他看見人們在當地蓋房子、醫院與學校。他的朋友聘請他當業務員，宣傳沙漠地帶的發展。他的成功讓他成爲該公司的合夥人，今日他已成爲房地產業的億萬富翁。

相信你便能得到

你的潛意識心智裡有著聰明與智慧，會在緊急時刻直接提出需求時伸出援手。舉例來說，科學家曾在許多無法以任何方法獲得答案的情況下，禱告獲得回應。

帶來許多驚奇發明的傑出電力科學家尼古拉・特斯拉（Nikola Tesla）表示，每當他想到新發明，他便會用想像力打造，因爲他知道潛意識心智會爲他的意識心智再現，揭露建造實體時所需的零件。藉由安靜地沉思各種可能的改良方法，他完全不用花時間修正缺失，能夠提供技術人員他心裡所想的完美產品。他說：「我的發明必定如我所想像地運作，二十年來不曾例外。」他的潛意識心智給予他所有發明的答案。

柏拉圖教導大家，萬物皆是先存在於心智的想法或影像思維，才能實際體現於外部。想法有虛有實，思考方式也有對有錯。虛妄不實的想法會如疾病般在人體內顯現。羅伯特・富爾頓（Robert Fulton）的想法以蒸氣船顯現，山繆・摩斯（Samuel Morse）的想法則以電報顯現，工廠及大型百貨公司是企業家的思維濃縮後實際顯現。

電視、收音機、雷達、噴射機及其他所有現代發明，全都出自想像力的國度。你的想像力是無限的寶庫，從你的潛意識心智釋放所有音樂、藝術、詩歌與發明的稀世珍寶。你可以看看古老遺跡、古廟或金字塔，以此重現逝者的歷史。你也能從古老教堂庭院的遺跡中，看見當代的城市以過去的美麗與榮耀在此復甦。

試想一位有天賦的知名建築師，他在腦海裡爲年長居民建構美麗的摩登城市，包含游泳池、水族館、娛樂中心與公園等。他可以在心裡建造人類所見過最美麗的宮殿，他能在**還沒**把藍圖交給工人前便徹底想像出所有大樓完成的樣貌。他的內在財富爲自己及無數他人創造外在財富。

你是自己未來的建築師。你現在可以看著鏡子，用充滿想像力的雙眼建構出佈滿河流與小溪的壯觀森林，你可以在森林裡養各式各樣的生物，更可以在每朵雲上掛個弓。你可以看著一座沙漠，並讓沙漠如玫瑰般欣喜綻放。擁有直覺與想像力的天才能在沙漠裡找到水，在他人眼中只有沙子與荒野之處創造城市。

你想像爲眞之事已存在你的心智，只要你忠於自己的理念，有一天理念便會化爲眞實。你內在的建築大師會在你印記於心智的可見螢幕上投影。

想像促進創造力

年輕化學家馬力歐A.工作的公司曾試著製造某種染料，卻失敗了。公司聘請他時便將這項任務交給他。他無視過去製造染料的失敗紀錄，毫無困難地合成染料。

他的上司非常訝異，想知道他的祕訣爲何。他的回答是他想像自己找到了答案。上司進一步詢問後，他說自己能清楚看見「答案」兩字以閃亮紅色出現在腦海裡，然後他把下方挖空，知道只要自己想像字樣下方的化學公式，他的潛意識便會把空白塡滿。到了第三個晚上，他夢到完整的化學公式，連合成技術都清楚可見。年輕的化學家因此獲得升遷，登上管理職位。

要一路忠實到最後，過程中每一步都要信心滿滿，堅持到終點，內心知道終點就在那裡，因爲你已經預見了。看過、感受過終點後，你就能運用方法實現目的。

發展你想像的力量

創意不僅是藝術家、發明家或企業家專屬的特質，我們所有人內在都擁有這般力量。我們只需要將其發展，顯現於外。以下建議有助你達成目標：

1 想像你做著自己喜愛的事，感覺自己身處其中，工作與職業生涯中便會出現奇蹟。

2 在心裡將自己想像成完整、完美的人，職業生涯一帆風順，住在美麗的家園，擁有幸福歡樂的家庭。堅持心裡的形象，享受神奇的結果。

3 想像主管認可你對公司或部門目標的貢獻，想像大家祝賀你的成功。

4 若你在遠離工作地點時將心力專注於工作上的情況，答案往往會不費吹灰之力地完整浮現腦海。

5 在心裡想像自己爬上職業生涯之梯，或想發展的生意所必須採取的步驟。畫面要鮮明、逼眞、自然、戲劇化且刺激。你的潛意識心智會接受你的感受與想像，進而實現它。

愛德華．哈里曼（Edward Harriman）想像了一條橫越美國的鐵路。他用紙筆描出橫越美洲陸地的想像之線，他在心裡的想像有信仰與信心支撐，進而締造工業與商業革命，讓數百萬人找到工作，為他自己與許多人創造了數不清的財富。

想像你現在渴望的已成眞，在想像中活出你的角色。實現渴望後實際採取的行為必定會由你的內在行為所呼應。

永不停止創意發想

不要因爲害怕被否決而不提出有創意的建議。蓋瑞F.仔細思考著他提高生產力的想法，只要簡單地改變方法即可。他該告訴老闆嗎？上次他提出建議，上司就否決了，說不會有用，根本沒給他機會解釋。這回又何必呢？

向氣餒投降是容易的，除非你一直發想，你只會抑制你自己的創意能力。創新要靠持續發揮來磨練。人們往往藉由擔心他人會如何看待他們的想法來審視自己。自我審視遠比他人的評論還糟糕，因爲會滲入你的潛意識心智，讓你覺得自己缺乏能力。是的，你會犯錯，你會提出沒用的建議，你的老闆或同事甚至可能會取笑你。但不要因此停止。愛因斯坦、愛迪生、惠特尼與瓦特都曾多次被嘲笑。繼續創意發想。

磨練你的創意

發展創意的方法有許多種。首先是研究現有方法，再問自己該如何改進，並運用想像力找出達成目標的方法。下列特定方法能磨練你的創意力量：

1 **觀察**。人不一定要憑空幻想才叫有創意。觀察周遭的一切，將你的所學應用在其他情況就跟完全創新一樣有創意。

拉斯維加斯Hooper Steel營建公司主管史丹L.發現，越來越多加油站變成「自助式」，不再有車輛換機油與潤滑油的設備，快速潤滑油更換站因應而生。史丹開自己的車試過一次，對其服務速度與品質相當滿意。

多年來，Hooper Steel都將卡車送往經銷商的維修站進行潤滑油例行性更換。此過程需要派兩個人將卡車送去經銷商（其中一位開著他或她自己的車載另一位回公司），把卡車留在經銷商一整天，最後再回去牽車（同樣又得耗費兩個人的時間）。

「何不讓卡車也去快速潤滑油更換站呢？」史丹心想。結果：只派一位駕駛前往快速潤滑油更換站，讓那位駕駛在卡車換油時等上三十分鐘左右，史丹每個月便爲公司省下一千六百美元的現金維修成本及浪費的時間。除此之外，他們還有幾乎一整天的時間可運用該台卡車。

2 **改良**。你能否改良現有產品或概念，創造出不同的東西？Think Big公司創辦人便是改良現有產品，將產品放大。從鉛筆、電話留言便箋到動物、家具，熱門產品的放大複製版在廣告、裝潢與精品業創造出全新市場。

3 **替換**。多數時候，換成新技術便能克服無效率並解決問題。但是，許多時候單靠想像力便能更容易、更有效地修正狀況。大宗郵件公司Mass.Mailers辦公室經理達琳A.很難留住員工，重複性的工作極其無趣：將宣傳手冊與試用品塞入信封。工作性質讓標準的自動化設備無法適用。不僅人員流動成本昂貴，她也永遠無法確定需要員工時他們會在。她心想，雖然一般員工會覺得這份工作很無聊，但是對智能障礙者來說或許是挑戰新責任的好機會。她聯絡了當地服務智能障礙者的療養院，與院內社工人員討論過後，安排讓一些男性女性嘗試這份工作。新方法讓她能聘用喜歡這份工作的員工，而且是穩定珍貴的員工。

4 **排除**。有時候浪費最多時間、增加最多成本的原因是不必要的書面作業。公司規模越大，官僚化的趨向與現職人員之表格與報告的增生，會使生產力停滯。這些表格眞的有必要嗎？

吉爾W.憤怒不已。公司又加了一份表格要業務人員塡寫，有這麼多書面作業得完成，哪有時間到外面推銷？他向業務主管抱怨時，她聳聳肩表示「上頭」需要這些資料。吉爾收集所有必須完成的表格，並列排放，分析其中的資料，他逐漸發現裡面很多資料都重複。非但不因此跳腳，吉爾設計了新的表格，能提供主管階層所需的資料又容易塡寫。不僅讓業務人員的工作更輕鬆，也爲公司節省許多時間與金錢。附帶效益：公司開始系統化地審核所有表格，進而排除許多過時且不必要的報告。

5 **調整應用**。不僅是提出全新想法才叫有創意。有創意的人往往會將對他人有效的方法（情況不一定完全相同），改成適合應用、解決他們所面臨的問題。

北澤西禮車服務公司提供紐澤西州內各城市，前往紐約大都會區內主要機場的地面交通服務。常客最頻繁的抱怨便是打電話預約時所等待的時間，每一次他們都得報上姓名、地址、電話、信用卡號碼以及其他資料。公司有位主管是大型郵購公司的常客，他發現在初次下單後，每次除了訂購商品資訊外都不用再提供其他資料。他後來了解他們將所有客戶資料存入電腦資料庫，每回客戶致電，系統會辨識出來電編號，檔案便立即出現在電腦螢幕上。將這套系統應用在北澤西禮車公司上，他們將接受預約的時間從原本超過三分鐘縮短至二十五秒。

這些還只是激發創意力的少數方法而已。藉由發揮你的想像力，擴展你的視野，破除解決問題的傳統方法，你也能變得更有創意、解決困難的問題、發想並執行精采的新概念。不僅對你的公司有益，當你看見自己的想法完全實現，也會有無比的成就感。

不幸的是，只要培養便能輕易湧出的創意力，在許多人身上（從孩提時代開始）卻因教師、父母，最後是老闆不合理的過度分析、要求一致性而遭阻斷。太多時候，創意都因「紅燈思考」而遭封鎖。「停止這件事。」「這樣違反公司政策。」「我們從不曾那樣做。」與其找理由不去嘗試新的想法，不如心胸寬大地看待新的想法。切換成綠燈，進一步探索這些想法。將你的思考延伸到明顯的範圍以外。

並非所有想法都一定會成功，甚至可能不值得探討。然而，至少透過思考、與他人討論，你能探索其可行性。若否決是應該的，從中學習，不要失去勇氣。往往是想法看似很好，卻不符合特定應用管道或時機不適合，這不表示想法不好，更不該解讀爲個人受辱。否決的是想法，不是你。

創意能讓垂危企業起死回生

公司處於失敗邊緣，但最後不僅獲救，還因爲領導人的創意思考而遙遙領先的例子，不勝枚舉。

四十多年來，郵政服務公司Pitney Bowes掌控了百分之百的免貼郵票郵件市場，全美幾乎半數的郵件都會通過該公司的機器。一切卻在美國郵政總局終止其獨家生意後結束了，想法創新的競爭對手取而代之，吃下了ＰＢ大部分的市場。

幸運的是，名爲弗雷德‧亞倫（Fred Allen）的領導人接下執行長職位，想像Pitney Bowes走上更寬廣的路。他斷定ＰＢ不該僅將自己視爲免貼郵票郵件公司，而是提供整體通信科技與服務的公司。亞倫看出當時是傳真機與影印機的時代，透過公司的專長及其銷售與服務的名聲，可靠這些產品賺大錢。新願景成功了，到了一九八〇年代末期，ＰＢ半數的營收來自三年或不到三年前所引入的產品。弗雷德‧亞倫的創意願景之所以執行成功，在於他發展出新的行銷策略，也提供了新商業模式下所需的即時辦公室產品。

其他傑出公司能一直如此傑出則是透過大膽地重新評估、重新構想未來、重新調整方向、重新指導公司的行銷策略。連鎖雜貨店克羅（Kroger）革新整體系統創造出大賣場，進而成爲銷售額領先競爭對手的連鎖店。製藥龍頭亞培公司（Abbott）藉由著重於特殊病症與醫院營養補給品，打敗了製藥業的競爭對手。

爲實現成功的目標，這些企業往往得克服來自董事及其他主管的阻力。弗雷德·亞倫未曾失去希望，他相信自己的想像力與創造力，再加上他執行概念的膽識會締造不可思議的成果。

心有疑慮時，記住如弗雷德·亞倫這些領導人的成就。此刻在你心裡推崇能治療你、賜福於你、使你富裕、給予你靈感與力量的心靈畫面、想法與思維。是眞的，你會成爲你想像的樣子，你源源不絕的想像力便足以重塑你的世界。相信你心智的原則會實現你的幸福，你便能體驗人生所有的祝福與財富。

謹記在心

1 人人都能有創意。你不必是愛迪生或比爾·蓋茲才能創新改革。你的內在擁有延伸想像力的能力，就靠你去開發。

2 透過你的能力去想像結果，你能控制各種情境或條件。若你希望能實現任何希望、渴望、想法或計畫，在心裡勾勒出實現的樣貌，時常想像你的渴望成真。如此一來便會滲入你的潛意識心智，你也會真的強迫其渴望實現。

3 **你的想像力能為任何想法或渴望著裝及化為實體**。你可以想像豐富取代不足，有效取代無效，成長取代停滯阻礙。

4 **觀察其他公司面對相似情況時做了什麼**。藉由對他們有用的方法改成適合自己的，或許便能有效地應付你的問題。

5 **運用你想像的能力**。尋找你工作上或公司內可改善之處。不要害怕嘗試新的方法。你或許會遭遇挫敗，但只要磨練你的創意力量，所有努力都能成功。

第⑩章

破除壞習慣

無論你可能養成了什麼樣的壞習慣，或希望能戰勝什麼弱點，你都能從內心找到解藥。

無論是墮落的習慣，或從某些方面來說對你有所阻礙的愚蠢小事，你都能戒除：

你能將弱點化爲長處，你能戰勝所有成功與幸福的敵人，

只要召喚你的神力、潛伏你偉大內在的崇高力量前來援助。

舉凡人都是習慣的生物。每當碰上的時候，我們多半都以特定方式做特定事情。「習慣」可定義爲「嗜好」、「慣例」、「癖性」或「天性」。某些習慣或儀式還蠻有用的，能建立一套傳統或常規，帶給人生一定的秩序、效率與意義。可惜的是，有些習慣也會將你鎖入不知變通的身心模式，約束你對改變的開放態度。習慣是生活的方式，我們遵循這套模式，因爲我們習於遵循。有些習慣是好的，其他則不好。我們在工作上發展出的習慣，往往闡明了表現平庸

與傑出之間的差異。我們將在本章檢視習慣是如何養成，以及我們能如何克服壞習慣，以好習慣取代，並建立能帶領我們邁向成功的行爲模式。

建立好習慣

顯著、有創意的積極性格，是由持續重複積極行爲與創意思維塑造，直到大腦歷程已成習慣。根據我們的思維習慣，可建立強而有力或軟弱無力的性格。若我們懷抱自信、自主的堅決心態，我們便會變得強壯有創意；或我們心存懷疑、遲疑、不確定、不信任、自我輕視、自我貶抑、自我譴責的思維，我們便會變得消極與無用。基本上端視你將大腦設定爲哪一種思考習慣。

我們常聽說運氣與境遇如何影響我們職業生涯成功與否。沒錯，它們確實扮演一定的角色，但更多時候是我們發展應用的習慣決定了我們走的方向。我們無須選擇走上錯的方向，我們只需依循我們的傾向、熱愛、正常的欲望與心理慣性，其餘的習慣會負責。習慣從不休息、清醒或睡覺，持續用其看不見的繩索纏繞我們的思維、我們的性格。無論是爲我們的福或禍，習慣都逐漸掌管了我們。我們今日自願做的，明日將做得更容易，後天則更熟練。

建立好習慣最好的方法是，與其直接剔除缺陷或墮落的特質，不如培養相反的特質。堅持下去，另一方便會逐漸消失。藉由培養積極面來扼殺消極面。

對更崇高、更好之物的渴望，是你想剔除的劣等傾向最好的可能解毒劑或解藥。當你培養出永遠渴望、向上、往更好更高處爬的習慣，不想要的特質與習慣便會逐漸消失，會因缺乏養分而枯死。

破除壞習慣

克服長久的習慣絕非容易之事。但是這件事辦得到（無論年紀）的事實，已由數以千計的男性女性證明了，他們戰勝了幾乎摧毀他們職涯，甚至可能毀了他們人生的習慣。

多數設法破除壞習慣或建立好習慣的人都有個問題，他們沒發現自己潛伏的力量，未能夠大聲地召喚他們更崇高有力的自我。他們發揮潛意識心智的力量不到一半，無法運用上帝賦予我們將自己提升至神般境界的偉大方法。他們的決心脆弱又搖擺不定。他們爲自己投注的精力與韌性不足。

扼殺壞習慣的絕佳方法是切斷其滋養食物來源。絕不溫柔對待壞習慣，也不嘗試緩慢侵蝕，大膽自信地攻擊你的敵人。遵循威廉·詹姆斯教授建議的方法，將我們自己從舊習慣的力量中釋放，建立新的習慣。

「我們必須小心。」他說，「盡可能地以最強大堅定的決心將自己從舊習慣中猛力扯出。我們必須累積所有能強化正確動機的可能境遇。我們必須讓自己兢兢業業地處於能鼓勵新方法的位置，做出與舊習慣勢不兩立的約定，運用所知的各種援助建立決心。

唯一放棄的方式便是放棄，並堅定地決心不再與傷害你的事物有關。若你認眞以決心如此約定自己，燒毀後方的橋不留退路，這番承諾便會爲你召喚龐大的隱藏資源前來協助，召來你可能根本沒發現存在的資源。但只要你留下任何退路，認爲或許在舊習慣的誘惑太過強烈時你會稍稍縱容的話，你便削弱了勝利的機會。

要在工作上這麼做不容易，許多「壞習慣」都透過你處理問題的方式變得根深蒂固。通常是你運用的技巧在過去往往會成功，所以你認爲這些技巧永遠都會有用。因此成了你工作的「慣例」。但是情況會改變，過去有用的方法已不再如此有效。許多人固執地堅守習慣。「過去都有用所以一定會有用。」聰明的人會發現並承認習慣的方法不是解決問題的最佳辦法，脫離舊習慣，再尋找新的方法。

資深企管教授獲全國連鎖零售店聘請，爲店長設計並教導訓練課程時，他運用在大學頗受歡迎的同一套技巧來設計訓練課程。沒多久他便發現學員無法吸收。

幾堂課後，教授與公司訓練主任討論了他毫無進展的狀況。訓練主任表示：「這些男女都很活躍，講課會讓他們很無聊。」

「但是。」教授回應，「講課就是我教書的方式。唯有這樣才能在指定時間內教完所有他們需要的教材。這種方法一直很有用。他們很快就會習慣了。」

訓練主任不同意。「你必須讓他們更加投入課程。大學的教書方式在這裡沒有用。」

爲此教授用力想了許久。這套自覺頗有趣，有時甚至頗具娛樂效果的教學方式是他自己發明的，還經常受人稱讚。要他改變教學方式就像要他戒除自己非常喜歡的習慣。他決心要嘗試新的方法，他會盡量克制自己，雖然他知道要他抗拒講課非常困難，但他會讓學員參與投入課程。

下一堂課的主題是聘用過程。他放棄原本準備的教材，反而從問店長在吸引與選擇新員工時會遇到什麼問題開始。學員一個接著一個分享他們的方法，他們成功與失敗的故事，以及他們在這方面的擔憂。教授很想回以冗長的學術理論，但他想起自己的決心，要讓學員更加融入。他非常高興地發現，店長們一個個地分享他或她的經驗，在分享成功的故事與提醒可能出現問題的同時，也幫助了其他店長。教授則以簡短的評語及概述補充他們的故事。到課程結束的時候，他原本打算講課的內容都已涵蓋在他們的討論裡，學員們下課時興致勃勃，相當期待下一堂課。

教授回報訓練主任時表示，不用自己的想法主導課程是他所做過最困難的事，但是因爲他這麼做了，自己與學員都因這次成功的會面而受益無窮。

拖延

工作上最常出現的壞習慣便是拖延。

「『明天，明天，不要今天。』懶惰的人都這麼說。」

你不一定要懶惰才會拖延。多數人都會拖延。我們總會把不喜歡做或害怕做的事情盡可能地留到最後一分鐘。我們拖拉的原因有許多，或許不喜歡自己得做的事情，或許偏好進行別的任務，但多數時候，我們拖拉是因爲害怕自己會失敗。

我們隨處可見優秀的能力因爲恐懼而壓抑沮喪，於是被迫受限於平庸的工作。放眼望去都是有能力的人，因爲恐懼怪獸的成長而使努力化爲烏有、達成目標的能力幾乎全毀，最終導致最果斷的人優柔寡斷，最有能力的人膽怯無效率。

沒有一刻比得上當下。根本沒有哪一刻、沒有什麼瞬間爆發力與精力，唯有當下。將今日工作推至明日，所浪費的精力便足以將工作完成。而且，要做推遲的工作豈不更加困難又讓人不悅。當下本來可以帶著愉悅的心或強烈的熱忱完成的工作，在延遲幾天或幾個星期後就變成乏味費力的工作。

即刻完成讓工作不會乏味費力。拖延通常代表放著不動，以後會做就變成以後沒做。做一件事就像播下一顆種子；若未能在正確的時間完成，便會永遠過季。永恆的夏季也不足以讓延宕的行爲成熟結果。

總是即時行動的人，就算偶爾犯錯，也還是會成功；而拖延者，就算具有較佳的判斷能力，也會失敗。

以下是戰勝延宕的建議：

1 拖延不僅是趕不上截止期限，更是無法起步。動起來吧！別忘了班・富蘭克林的箴言：「別把今日可完成之事留至明日。」

2 將對於從事新的或不同事物之恐懼拋至一旁。鑽入主題，採取行動。

3 面對複雜的案子時，不要因此慌了手腳。分解成容易處理的區塊，為每一區塊排定時程。

4 在你精力最充沛、活力最旺盛時進行你最為恐懼或討厭的事。

5 插入間歇完成點。激勵自己著手要到很久以後的未來才會完成的案子是很困難的事。藉由為案子的各個階段安插間歇完成日期，你會在過程中隨著完成進度而有成就感。

6 直接開始。若你不知道該如何著手困難的案子，與其不斷考慮，不如就做個初步假設並直接動工。工作本身會刺激你的大腦。若是行不通，大可以重來一次。最好是採取積極的角色而非一直拖延不開始案子。

7 若進行的案子比較特殊，遠超出你平常的工作內容，都會很想拖延「直到我有空閒時間」。所以每天都要特別留點時間來進行。

8 當你準時完成通常會拖延的任務，獎勵一下自己。

承認你的弱點

若你有些墮落的習慣會阻礙你前進、妨礙工作上的成就，只要經常對自己說：「我知道這樣東西（叫出它的名字）妨礙了我。我缺乏應有的效率，我的思緒不夠清晰、無法好好掌控我的心智，皆不如若我未受此弱點阻礙該有的表現。

「我唾棄這些妨礙我、往往讓我成爲失敗者的習慣。我知道除非我改變這個習慣，否則會更強烈地與其綁在一起，越加縮小我逃離的機會。」

只要你每天趁獨處的時候對自己這麼說，你便會驚訝地發現說出口、聽得見的建議，是以怎樣的速度削弱這個習慣的控制。不出多久，你的自我對話便會加強你的承諾，讓你能夠徹底剷除弱點。

瓦利L.是那種覺得他必須完全掌控自己部門的主管。他管理十二位技術人員，雖然他們都是專家，瓦利卻還是一而再、再而三地於完成後（常常過程中也是）檢查每一項工作。由於他的部門流動率遠比其他單位要高，主管特別找他來討論。

「瓦利，公司的離職面談顯示，離開你們部門的人都提出相同的抱怨。他們討厭你微觀管理他們的工作。你請來的人都很厲害，你必須讓他們做好自己的工作。」

「但是。」瓦利回答，「我要對自己部門的工作負責。如果我不隨時監督他們，就是沒做好我的工作。」

「瓦利，好人才必須有做好自己工作的空間，不能有人從後面一直盯著他們看。我要爲你的工作負責，但我也不會監督你的所有動作，因爲我相信你。你必須相信爲你工作的人。」

「但如果我不管他們，就無法及時發現錯誤並改正，搞不好根本不會發現。」

「還有其他無須微觀管理的控管方法，已證明能有效分派工作，學習並應用這些技巧。」

他解釋了一些技巧，都在本書十一章詳細討論。

瓦利仔細地思考了一番。他很怕放棄自己的高壓管理，但也知道必須這麼做。要瓦利不微觀管理屬下相當困難。每當他又很想從後面盯著他們的所有動作，他就會對自己說：「不要這麼做，你必須相信他們。」

時間久了，他與屬下建立起足夠的信任，知道雖然有時會出錯，但技術人員都能輕易地在定點檢查時發現並改正。瓦利的工作變得較爲輕鬆，部門氣氛也不再那麼緊繃。流動率降低了，瓦利也有時間做更多的工作。

艾蜜莉R.永遠匆匆忙忙。從學生時代開始她便會倉促完成課堂作業與回家作業，急於完成功課出去玩。當她獲得第一份工作成爲資料輸入員，她採取了相同的策略。她永遠最先完成份內工作，卻經常因錯誤連篇得要重做。她的主管提醒她放慢速度仔細一點，但是她從學生時代便養成的習慣卻改不掉。過了一陣子，主管將她列入觀察名單。她說：「艾蜜莉，妳非常聰明，但是妳把速度擺在準確性之前的習慣，會讓妳永遠做不好工作，妳必須破除這個習慣。若無法改善，我們就得請妳走人了。」她建議艾蜜莉下一次工作時，著重於準確性，完全不要去想時間的問題。

艾蜜莉嚇到了。她喜歡這份工作，也以自己的速度爲傲。她決心要試著破除這個習慣。下一次工作的時候，起初她放慢了速度，但過不了多久又開始加速。她突然停下來，檢查已完成的工作，發現第一部分完全正確，加速後的第二部分卻出現許多錯誤。她改正錯誤後又繼續工作。

她對自己說：「這個壞習慣對我的工作非常不利，害我遭人恥笑，比不上其他人。我知道自己比身邊許多更有成就的人還有能力。現在我要戰勝這個摧毀我未來機會的壞習慣。我要找回自由，脫離速度優於準確性的衝動，無論有多困難。」

艾蜜莉花了幾個星期的時間，終於將她的潛意識心智設定爲能接受自己放慢速度、著重於準確性的決心，讓她後來成爲部門產能最高的人。

不要逃避事實

承認你的壞習慣，不要逃避問題。若你拒絕承認，便無法戰勝壞習慣。

你活在自己打造的心理牢籠。你受自己的信仰、看法、訓練與環境影響限制。如同多數人，你是習慣的生物。你慣於如此反應。

你可以讓改善工作習慣的念頭根深蒂固地植入你的心理，深入你的潛意識層。屆時，你會重新認識自己心智運作的方式。你會發現自己內在的無窮資源，能支持你的聲明，對自己證明事實。

若你強烈地渴望讓自己的能力不再受損害，你已經痊癒了百分之五十一。當你放棄壞習慣的渴望比繼續的需求還強烈，你會發現，雖然不可思議，但只差一步就能戰勝了。

無論你的心智依靠的是什麼思維，心智都會將其放大。讓你的心智想著成功與成就的概念，專注於這個新的注意方向。如此一來，你營造的感受會逐漸遍佈成功與成就的概念。無論你以充滿感情的方式展現了什麼念頭，都會由你的潛意識所接受，進而實現之。

謹記在心

破除壞習慣絕對不容易，但做得到。以下十項建議，應該有助於擺脫那些妨礙你變成真正想成為的男性或女性的行為模式：

1 **選擇你想改變的習慣**。鎖定不僅是干擾你生活，更是妨礙你達成目標的習慣。選出讓你能集中不滿心情的自我毀滅模式，並積極地逆轉情況。

2 **評估問題**。選定目標習慣後，確定你實際所做的事以及真正想做的事。將大問題分解成易於處理的小區塊。

3 **建立有挑戰性且可達成的目標與期限**。目標應該是有挑戰性但可達成，若你適當且逐漸地延伸你的視野與行動，應該會達到你渴望的目標。

4 **準備好為失去習慣而悲傷**。在你的改變習慣計畫開始前或過程中，若經歷即便不深刻至少也強烈的失落感，不要感到訝異。你或許懷念微觀管理下發現錯誤的滿足感，或率先完成案子（就算不是最準確）的興奮感。但是時間久了，你的潛意識心智會調整，你便不會再感到失落。

5 **諮詢教練或顧問**。尋求朋友、導師或專業顧問的經驗與智慧，作為你起步階段的教練。他或她會協助你設定目標、給予忠告並協助你處理可能浮現的不愉快情緒，且在你進度落後時提供建議及鼓勵。

6 **採取行動**。做吧！跨出第一步。你很快便會知道自己能、不能應付什麼，可用資源亦會跟著出現。你絕對能深入蒐集到重要求生知識、技能與決定性支援。

7 **加入那些希望破除相同壞習慣或建立新習慣的團體**。當好幾個擁有相同目標的人產生互動，每個人給予其他成員的支持便又多了一層力量。看看像「戒酒無名會」這種專門協助特定情況的團體。

8 系統化進行。行為修正是進化的過程，往往以三個明顯不同的階段呈現：(1)讓自己擺脫舊模式；(2)改變；(3)掌握新模式。第一個階段要承認自我毀滅的模式，開始放手。第二個階段要嘗試結合新技巧、工具、資源與積極的活動。若第一步讓人低落，中間階段可能會引發焦慮，尷尬地應用新的知識。最終階段在嘗試與犯錯，及不斷練習下掌握新習慣後出現。這時會覺得自己的改變更自然了。

9 不要放棄！行為修正過程中最誘人的陷阱是有時會在一開始快速學習，然後就停滯不前。不要放棄。不要在快速勝利後過於樂觀，或在小小挫敗後過於喪氣。有起有落都是自然的……被打倒、爬起再繼續前進亦是。

成功便是爬起比跌倒的次數多一，勇敢比恐懼的次數多一，信任比憂慮的次數多一。

10 追求你的路。追求你所選擇的路，戰勝途中的困難與阻礙，是學習過程中不可或缺的一環。破除、營造並掌握不可撼動，且錯綜複雜的行為學習鏈是一輩子的事。

第2部

取得他人的合作與支持

別刻薄待人，因爲這麼做等於是餵自己毒藥。
與人和諧相處靠的是愛心。
心中有愛就是敬重他人的神性。

事業成功往往要靠其他人。這可能是指你公司裡的人，例如像是你的老闆、部屬，還有你的同事。有時可能是你們公司以外的人，譬如說是消費者或客戶。

想要達成既定目標，你必須激勵員工、經理，甚至是消費者和供應商，與你一起努力奮鬥。爲此你得要精進自己的溝通技巧和說服力，以便勸服別人接受你的想法。你必須學習如何應付難纏的傢伙，如何表示反對又不傷和氣，學會如何充分利用每一分每一秒，總的來說，就是要成爲一位有效率的領導者。

以下幾個章節，你將學會如何藉著將個人潛意識心智的力量最大化而達成上述各項目標，邁向成功的道路上不論和什麼人交手，都能得到他們合作與協助。

第11章

成爲領導者

除非你打從心底眞正相信自己能夠成爲領導者，不然你的領導統御絕對無法成功。你必須在潛意識心智當中設立兩個簡單的先決條件：你必須相信自己終將心想事成，你必須相信那一定會實現。

成功之士並非全都是領導者，然而，好的領導者都是成功的人。他們不僅成就個人目標，更激勵旁人也起而效尤。他們不僅享受到屬於自己的成功果實，也能奮力協助他人邁向成功。

長久以來，認爲領導者實乃天生而非後天努力學習而來的想法，一直廣泛爲大眾接受。事實上，這種觀念正是封建制度以及絕對王權的基礎。即使是在美國，白手起家的人也能躋升權貴，還是有許多人認爲這些成功者是天生具備某種特質，讓他們能夠成爲領導。

爲數眾多的商業組織當中，不論男女都有人能夠升上督導和管理的職位。難道這些人全都是「天生的領導者」不成？我們的經驗已經顯示，答案恐怕是「未必」。

人們晉升領導、承擔責任，出自各種原因：可能是年資、選舉（公部門）、攀親帶故，或是卓越表現。他們並不是由於具有領導能力或經驗而被拔擢，因此就得學著怎麼做好領導的角色。得以晉升更高職位，並不保證就能成爲一位好的領導者。人們必須學習，才知道如何做好領導的工作。他們要研習領導統御的技巧，閱讀激發精神的書籍，去聽演講，還得將所學來的東西實際加以運用。

偉大領導者的特質

雖然古今中外的偉大領導者各自具有其獨一無二的特質，他們的人格特質之中總有若干共通面向。依我看，出類拔萃的領導者全都具備以下特徵：

1 **偉大領導者能找出熱情的追隨者，並栽培、激勵他們**。若缺少一群人可以把領導者的計畫付諸實際行動，沒有幾家公司或企業能夠持久、昌盛。每個世代、每個國家、生活的各個層面之中，總是有那麼一種人能夠帶領部隊打勝仗、激起偉大的藝術和音樂作品，建立前景看好的公司以及充滿活力的組織。領導者最爲重要的技術，就是要能知人善任，認清他人的能耐如何，「一眼看出他有多少斤兩」，能預測別人的強項還能除去他們的缺點。

領導者會找來各種專門人才，這些人的本事和能力可補足他們本身的弱點和不足之處。如此一來，結合眾人的能量，就可以形成一股可觀的力道。為做到這點，好的領導者可能經常需要改造組織，甚至要放手授權服膺專業。

席恩・派里許（Sean Perich）就是個好例子，他是「龐恩烘焙屋」（Bakery Barn）的創始人，專門生產高蛋白小點心。創業不到五年，他就帶領公司成長到年營業額高達六百萬美元，主要通路是健身中心還有統一超商。然而，差不多是在二〇〇五年的時候，龐恩烘焙屋的發展停滯不前，迫使派里許重新檢討自己的經營團隊，當然也包括自我檢討。之前公司改變策略引進新產品，但這都是他自己說了就算，也沒人有所懷疑。他的高階經理團隊（主要都是家族成員）在公司運轉初期的表現還不壞，如今他認清自己還有這些親戚都不具有拯救公司所必需的廚藝或生意經驗，公司需要注入活血。因此，他聘請一名全職的審計員，並且開始物色經理人才。他還成立一個三人研發小組，將新穎而客觀的卓越見解帶入管理決策。

就連能見度高得多的大企業創辦人，也會需要跨出如此重大而艱難的一步，例如創新「低成本」航空公司「捷藍」（Jetblue）的前任執行長大衛・尼爾曼（David Neeleman）就是一例。雖然他仍留任董事長，尼爾曼了解他的經營能力不足以帶領捷藍航空邁入下個階段。這並不表示說他不夠好，不是一位偉大有遠見的創業家。恰好相反，這正證明了他不僅能夠開創新局，更是個眞正的領導者。

2 **偉大領導者集中心神努力聚焦**。他們曉得自己要的是什麼，集中一切努力朝向那個目標前進。如果不能在年輕時就學會集中自己的努力、集中能量，那就很難有什麼了不起的成就。若能確實具有專心一致的能力，一切努力都是朝向某個中心目標，最終都能攀上高峰。這種人充分了解，重要的並不是你一次能完成多少工作量，反而是要堅忍持久才算數。若想在人生的戰場上贏得勝利，靠的是長久而持續的推動力，無法壓抑的決心，以及牢不可破的毅力。

3 偉大領導者都曾遭遇重大挑戰，但是終能克服萬難

逆境會擊敗某些人，不過所有偉大的領導者都曾經歷到逆境，正面迎擊而取得重大勝利。蒸氣船的發明人羅伯·富爾頓（Robert Fulton）失敗過好多次，他的船被笑稱爲「阿傻富爾頓號」，直到最後這艘船首度試航成功，徹底改革水路運輸。海倫·凱勒（Helen Keller）一出生就是又盲又聾，卻能克服身體的障礙，成爲受人敬佩的偶像作家以及教育家。

達爾文E.史密斯（Darwin E. Smith）原本是位畏縮、謙遜的專職律師，一九七一年卻能成爲金百利克拉克公司（Kimberly-Clark）的執行長，那時，這間傳統的造紙商已陷入衰退危機。幾年下來，金百利克拉克的股價跌得很慘。至少有位董事直言不諱，當面說他恐怕已經不夠格繼續領導公司決策，然而即使如此，也不能阻止這位新來的執行長放手改造金百利克拉克，把一個不起眼的品牌轉換成全球首屈一指的消費性紙類產品製造商。史密斯出身寒微，卻能運用這項個人經驗引導堅強的意志。接任執行長之後兩個月，他被診斷出罹患癌症，還被告知只剩下一年可活。他運用如此困境，更凝聚決心。他設定自己的潛意識心智，

相信自己能夠克服疾病，摒棄一切失敗的想法及恐懼感。他拒絕躺下來靜靜等待死亡降臨，接受放射線治療的期間，他依然繼續上班，不僅個人重獲生機，也重建公司。

對於這位名不見經傳的達爾文‧史密斯，商業界最推崇的就是他在一開始所做的決策：把造紙廠賣掉。他和他的團隊做出判斷，認爲金百利克拉克公司不應再堅持守著造紙業的塗布紙這一項產品，然而，把金百利克拉克投入競爭極爲激烈的消費者紙品業，將會逼使公司陷入不成功便成仁的境地。這是史無前例的大膽行動，商業評論媒體一致認爲這個決定愚不可及，證券商調降公司股票的評等。但是史密斯堅守不退。二十五年後，史密斯完全擊敗競爭對手，如今已是產業界的領導品牌。他對自己的成功如此解釋：他只不過是從來不曾停止相信自己，相信公司能挺過去。

4 偉大領導者嚴以律己。成功不僅僅依靠你最誠摯的決定或是你的自信，而是要依靠別人對你的信任；然而，這種信任感有極大部分反應出你的自信心，以及你的個人特質如何影響到其他人。因此，讓旁人生出如此信心的方法就是你的個人態度，這會影響到和你有所接觸的每一個人，特別是對於那些你必須挺身指導的人，例如教師、演講者、律師、業務代表、商人、可能的受僱者或其他別種關係，都是如此。充滿自信的氛圍會影響其他人，還會發生看來似乎十分神奇的作用。如果你能拾起或取得自信心，就可以很驚訝的發現到這股特質很快對外散發給旁人，增加他們對你的信任感，相信你有能力完成目前進行的工作。

絕對不可喪失自信。如果說，你偶爾會懷疑自己的能力和力量，請重新閱讀本書第二章，強化你潛意識心智的力量，重建自信心。

5 偉大領導者不畏懼做出困難的決定

偉大領導者不畏懼做出困難的決定。不管你是領導國家還是企業，領導者每天都得面對許多問題需要做決定。某些情況下，還有充足時間仔細思考，計算、評估所有的相關情勢，但是更常遇到的是要馬上做出決定。好的領導者必須負起做決策的責任。

一九八二年九月，有七個人服用「泰諾」（Tylenol）之後死亡，這事件就提供了一個相當出色的範例。調查發現，該產品有很多已被下毒，將致命的氰化物毒藥摻入藥品當中。泰諾的製造商是嬌生公司（Johnson & Johnson）旗下的子公司「麥克尼爾藥廠」（McNeil Laboratories），他們立即做出重大決策，將市面上所有的產品全面回收，並全數銷毀。更重要的是，公司的高層主管上電視說明處理狀況。他們對公眾提出保證，全方面確定產品安全無虞之前，將不會讓此產品重新上市。

直接立即的效應只能說是十分悲慘。該公司的市占率由百分之三十五遽降到僅剩百分之八。然而由於麥克尼爾以及嬌生公司領導人迅速而誠懇的做出反應，市占率不但在一年內就重回原先水準，甚至還更上一層樓。

領導者需要做出艱難而不受歡迎的決策，另一個好例子是查爾斯．沃爾格林（Charles R. "Cork" Walgreen），他在一九七五年接手掌管「沃爾格林藥局」。當時，大部分街頭的藥房都設有餐飲區，而且占營收很大比例。庫克．沃爾格林認為，速食業的成長已使得藥局的餐飲部門面臨淘汰，並且判斷公司的未來應擺在藥品販售，而非供餐服務。這個決定廣受批評，因爲現下該公司擁有五百間簡餐店面。堅持這部分的事業，情感上的因素還更勝過財務現實。沃爾格林的餐飲部門可上溯至庫克的祖父那一輩，因此庫克・沃爾格林自己得要有極大毅力，才有辦法結束這方面的事業。庫克的決定大獲成功，沃爾格林如今已是同業當中最賺錢的公司，而且現在已經沒有哪間藥局附設餐飲部的了。

6 偉大領導者具有遠見，而且堅信自己能夠實現那個理想。世上偉大的領導者，全都高瞻遠矚、懷抱夢想。他們清楚知道自己想要實現的是什麼，彷彿可以親眼所見，並且爲了實現那夢想，投入全部精力和情感。更重要的是，他們打從心底相信自己的能力可以辦得到。擁有如此信心，給予他們無比力量追求目標。

美國運通（American Express）的執行長謝諾（Ken Chenault）可謂見多識廣，遇過各種大風大浪，全都不及二〇〇一年九月十一日，在辦公室對街所發生的那場事件來得嚴重。他坦承，那場悲劇事件是個具有深遠影響力的經驗，爲原本已經十分了不起的領導能力更添一筆。他看出九一一事件的必然後果，在如此危機之中，很多人都會認爲這將成爲他實行領導的重大阻礙。謝諾毫不猶豫當機立斷，做出若干重大決策。他堅信自己的領導能力，讓他能夠充分展現出個人的領導術。最有價值的經驗似乎總是以危機的形式出現，謝諾表示在這種危機時刻，最關鍵的是要運用眞正要緊的個人特質而且緊守不退，如此一來你不僅只是無意識地運用這些特質，更要有意加以發揮。這就讓領導者贏別人一著。他說，每個人都可以做出有意識的抉擇，立定志向成爲領導者。謝諾表示，他想與之共事的那類出色領導者就是

「理智和感情上都全心投入的人」。

7 偉大領導者對自己、公司以及同袍具有雄心壯志。不論你有多窮困、處境多卑微，依然要挺起胸膛。別怕自己的目標過於遠大，堅持夢想不要退卻。要是旁人嘲笑，就讓他們去吧，不過可別讓這些人害你鬆懈下來，四處東張西望。不管身處哪個年代，堅守目標、專心致志的人才能出類拔萃。

玫琳凱化妝品公司（Mary Kay）的創始者玫琳凱・艾許（Mary Kay Ash）就說，她的成功得歸功於自己終其一生都在追求要成爲人上人。她的銷售事業最開始是從「士丹利家用品」（Stanley Home Products）起頭，挨家挨戶推銷產品。她經常提到，第一年根本是徹底失敗，甚至想要放棄改行。然而，參加過第一堂的士丹利銷售研討會之後，她完全改變心意。

據她說，「我在那看到一位高䠷、苗條、美艷、成功的女性，在公司的銷售競賽中榮獲優勝，如同女王般獲得加冕做爲獎勵，我下定決心明年一定要成爲那個風光的女王，現實來看這幾乎是不可能的任務。然而，我立志要往上成長，還走向總裁告訴他說我要成爲下個年度的銷售女王。他並沒有嘲笑我，反而是眞誠地看著我，握住我的手這麼說：『我覺得你應該辦得到。』這一句話驅使我努力向前，隔年我眞的成爲銷售女王。」

一九六三年，玫琳凱開創自己的事業，這間設在達拉斯市街上的店面還不到十五坪，她投入全部積蓄五千美元，另外還向家裡借了一些周轉金，銷售員總共只有九人。在她的領導下，公司持續成長茁壯。她以身作則全心投入追求自我和公司的成功，玫琳凱激勵銷售人員爲自己設下高標準，努力奮發達成目標。時至二〇〇七年，玫琳凱旗下擁有超過一百萬名獨立的業務代表，銷售總額超過二十四億美金。

授權

領導者要成功的關鍵條件之一，就是有能力、有意願將做決定的責任授權給屬下，有好多經理人都不願這麼做。成功的領導者曉得，他們無法事必躬親。他們請來最好的人才納入自己公司並加以訓練，讓這些人就其專業領域做決策，這樣一來領導者就可靈活運用自己的時間，處理更高層次的重大課題。

正常的一整個工作日之中，大部分的管理者都得處理比他原本預期所能完成還更多的工作。若想讓這天順利結束，就一定得把某些工作分派給屬下負責。

授權，意思就是說你要將任務與責任指派出去，同時也將進行工作所必須的權力和指揮棒交到他手上。這並不是說，乾脆就把工作中最沒有挑戰性或最無趣的那個部分交給屬下去做。有效的授權是要能把重要的工作事項交給別人負責，如此一來不僅讓經理人得空處理更緊要的事項，也讓屬下藉此機會學到寶貴經驗。

企業界的領導人士往往會告訴我說，他們做這做那已經習以爲常，而且處理起來得心應手，實在不願將工作授權給其他人去辦。有位經理是這麼說的：「我發現自己在同仁的背後東張西望，授權眞是令我渾身不自在。」

首先你得先認清一件事，那就是即使你可以比屬下做得更快，甚至做得更好更完美，你的寶貴時光不該浪費在這些枝微末節的事務當中。以下幾項要點，可幫助你往下授權時心中更踏實：

1 **選擇對的人**。挑選位居關鍵的部屬時，要確定他們不僅有能力完成你所期待的那些專業，還有潛力可接受訓練往更高階的職位努力。

2 **清楚而簡潔地明白說明你所授權的事項內容**。確定屬下知道你對他（她）的期待是什麼，不要只是問說：「懂了沒？」大部分的人都會回說：「懂了。」也許他們眞的明白；也許他們自以爲聽懂了，可是他們所理解的和你所期待的差異極大；或是說，他們也許完全不了解，卻因不好意思就沒跟你說。提出具體專門的問題，詢問屬下打算要如何因應，以實現交付給他的任務。

3 **設定好管制點**。所謂的管制點可讓你停下來，檢查目前進度，看看是否犯了什麼錯，此時就得出面糾正。這步驟十分重要，因爲若是直到最後一刻無法挽回才發現重大錯誤，這問題將會難以收拾。管制點並不是突擊檢查，部屬應該清楚知道各個管制點的時程，並且了解相關進度應該如何。讓你的屬下從一開始就了解你對他們有信心，還要強調管制點的安排是爲了協助大家，而不是著重檢查。管制點能夠讓得到授權的人有機會評量自己的工作進展。

4 **讓屬下有權有資源，能夠將被指派的任務順利完成**。如果所指派的工作需支出經費，授權時也要將一筆預算包含在內，並讓負責人有權限決定如何動用這些資源，而不需每次都要徵求你同意許可。若是這件工作需要僱用額外員工或需要人們加班，也要讓你所指派的負責人有權安排這些人事調度。這個做法可確保你在工作的時候不會因爲這件事一直被打斷。

5 **提供必要的協助**。這聽起來似乎有所矛盾。你對屬下授權，就是要節省在這部分所花費的精力。如果還得提供協助，那不是在鼓勵干預了嗎？爲了盡量減少協助已授權出去的部分，那麼屬下有疑問來找你的時候，他（她）也得先想出一個建議的解決方案。如此一來，你的部屬就得先自行研究過，而且往往都能自己找出應對之道，根本不需要找主管商量了。再說，如果部屬眞的來找你，此時所投入的時間也比授權之前少得多。

了解你的個人強項和侷限

上場比賽、衝線奪冠之前，你得先要有個確定目標，一個高高樹立、不會動搖的目標，而且你必須擁有勇氣、膽量、決心，不論途中遇上什麼阻擋在面前，都牢牢堅守這個方向。

除非你打從心底眞正相信自己能夠成爲領導者，不然你的領導統御絕對無法成功。你必須在潛意識心智當中設立兩個簡單的先決條件：你必須相信自己終將心想事成，你必須相信那一定會實現。

由口中說出的話具有一股力量，那是在心中默唸同樣一句話千萬遍也無法達成的能量。一旦說出來化爲語言，字句就會在心底留下更爲持久深刻的印記。許多人都有這種經驗，聆聽一場動人的演講或佈道，要比閱讀同樣的內容印成文字更讓我們深受感動，得到啓發。冷冰冰的文字會被遺忘，化成口語卻會牢牢被記得，將說話者的思想傳進我們腦子裡。這會在你的內在自我留下更深印記。

我們可以對著內在或潛意識心智講話，就像我們對著小孩說話一樣，而且我們從經驗中得知，小孩子會專注聽講並且依著我們的建議行動。其實我們一直不斷對自己的潛意識心智傳送暗示或者命令，或許並沒有大聲講出來，卻是安靜而在心中這麼說。不知不覺當中，我們通知、建議還試著要影響潛意識心智往某個方向前進。

藉著刻意、大聲宣示，面對自我開誠布公的對話，就會發現我們能夠極爲實際地影響自己的習慣、動機，以及過生活的方式。事實上，用這種策略感化個人特質對生活有所作用，其可能性可說是無限寬廣。

一開始，先寫下一張清單，列出一個堅強、英勇、成功人物所需具備的特質，然後另一張則是列出和上面相反，讓人變得懦弱、溫呑、失敗的人格特質，接著好好看看自己，在兩張列表上的評價如何。大聲唸出以下特質：信心、勇氣、自信、上進、熱情、堅忍、專注、自主、爽朗、樂觀、徹底，諸如此類。捫心自問，是否具備這些美好個人特質，還是比較偏向相反的那一面。

別害怕面對你的弱點，或是不敢直接指出你的不足之處。把它們全都攤在陽光下，認清他們原原本本的面貌，然後使出全力克服、超越。你不能甘於達不到神要成就你的那個高度，甘於達不到你自認爲可及、應該也足以辦到的位置，不能讓自己被那些可克服、超越的缺點把此生毀掉。

等你把這些特別的個人特質全都檢視過，再拿更爲一般性的課題問問自己，想像是在對著自己說話：

「鮑伯，你到世上所爲何來？你對這個世界有什麼意義？你的生命、你的事業帶來什麼訊息？你對公司、組織或是社會有何意義？」

「貝絲，妳堅守的信念是什麼？妳代表什麼立場？妳是不是有耐心、堅定、持久地傳達出這些信念，毫不抱怨、哀鳴或者退卻？」

捫心自問：「我是不是夢想自己明日可以做大事，還是只要把今日能做的小事辦好就算了？」

用這種方式深入剖析自我，直到你透徹了解自己，對自己有了公正的評價，直到你明白自己的長處和弱點，直到你的眼睛雪亮，看得出來是受到什麼牽絆無法再往前進，看出有哪些特質阻礙自己的發展。你的缺點會削弱你的平均表現，高達百分之十、二十、五十，甚至是百分之七十五。接下來要用全力打擊你的敵人，這些敵人阻撓你通往成功之路、降低你的效率，破壞你的幸福。持續而堅定地確保你能完全戰勝他們，全盤壓制，讓這些弱點沒有能力掌握你的生活，毀壞你的事業。

各方運用你的潛意識心智

用這種開誠布公的方式和自己對話，你可以脫胎換骨，徹底革新你的事業。不論是信仰、勇氣、動機、爽朗，不管你缺的是什麼，設想你就是要擁有這些特質，正面積極地告訴自己其實你早就具備它們了，只要有機會就施展出來，專注於此，你將會很驚訝地發現，自己這麼快就能學到這些之前渴望得到的人格特質。

我們必須很清楚地告訴自己的潛意識，想要的究竟是什麼，我們必須引導潛意識讓它能幫我們達成目標。

力量來自你的內在，除此之外別無他求。認眞做自己，仔細傾聽你內心的聲音。不論是什麼專業、哪個行業、不管是做哪種生意，都有改善進步的空間。現實世界要求人們能夠以嶄新而且更優良的方法做事。別以爲你的計畫或想法沒有前例，或者由於你又年輕又沒經驗，就沒人聽你說話。只要提出創新、有價值的見解，都將獲眾人青睞，引領風潮。如果你的獨特個人特質夠強，膽敢有所創見提出自己的方法，如果你不怕做自己，而且不屑模仿別人，很快就能得到賞識。

除非你絕口不提「命運」、「沒辦法」和「懷疑」，否則根本無法出人頭地。心裡自以爲自己很弱，不可能變強；只知自怨自艾，無法求得快樂。

想要有所成就，必得全面投入

堅定投入你所想要達成的，就是最有效的動機。一旦事情不順利，阻礙看似無法克服，或是挫敗打擊占了上風，你所做的投入與承諾，可以激勵你持續戰鬥不要放棄。

變得更強的唯一途徑就是要在人生之初立定志向，絕對不讓成功的機會從手中溜走。凡是能夠增進紀律，加強訓練，增廣見聞的可能，都要勇於面對千萬別逃避。不論有多麼令人難受，強迫自己投入其中。你得負起責任培養自己的能力，這是第一要務。別在意現在的處境有多麼艱困；挺身扛起，然後立定志向，你要把這份職務做得盡善盡美，超越之前的過客。

領導者必須能夠另闢蹊徑，走出自己的一條路，要不然永遠也沒法在世上留下深刻的印記。唯有讓人為之驚歎的原創力，才能吸引注意。身爲領導者，就不要跟在別人後頭亦步亦趨，不要模仿學樣。不要只知和前人一模一樣，用一成不變的方法做事情，何不試試新穎、饒富巧思的辦法。讓你那個專業領域裡的人了解，你並不是前任的翻版，你會提出自己的一套方案。

別害怕靠自己。發展創新的思維，要對自己的能力有信心。不管做什麼事，都要培養出獨立自主的精神。

謹記在心

1 **除非你打從心底真正相信自己能夠成為領導者，不然你的領導統御絕對無法成功。**你必須在潛意識心智當中設立兩個簡單的先決條件：你必須相信自己終將心想事成，你必須相信那一定會實現。

2 **領導者要成功的關鍵條件之一，就是有能力、有意願將做決定的責任授權給屬下。**有好多經理人都不願這麼做。成功的領導者曉得，他們無法事必躬親。他們請來最好的人才納入自己公司並加以訓練，讓這些人就其專業領域做決策，這樣一來領導者就可自由運用自己的時間，處理更高層次的重大課題。

3 **別以為你的計畫或想法沒有前例，或者由於你又年輕又沒經驗，就沒人聽你說話。**只要提出創新、有價值的見解，都將獲眾人青睞，引領風潮。

4 **別害怕面對你的弱點，或是不敢直接指出你的不足之處**。把它們全都攤在陽光下，認清他們原原本本的面貌，然後全力克服、超越。你不能甘於達不到神要成就你的那個高度，甘於達不到你自認為可及、應該也足以辦到的位置，不能讓自己被那些可克服、超越的缺點把此生毀掉。

5 **身為領導者，就別跟在別人後頭亦步亦趨**。不要模仿學樣。不要只知和前人一樣，用一成不變的方法做事情，何不試試新穎、饒富巧思的辦法。讓你那個專業領域裡的人了解，你並不是前任的翻版，你會提出自己的一套方案。

第12章

創造活力的團隊

你對自己有何期許，也以此和他人共勉。
這就是和諧人際關係的要點。

過去十年間，職場的情況已有重大變動，而且它還會以更快的速度不斷變遷，這是自工業革命以來未曾出現過的現象。接下來的幾十年，變化的腳步只會越來越快，而且範圍越來越廣。

之前，所有的決定都是由管理高層定奪，再層層往下傳遞交代，一直到最基層的第一線辦事員。我們發現這種組織已經被更強調協同合作的組織所取代，其中所有階層的人，都被要求能夠對整個組織活動的各個層面有所貢獻，而且這個趨勢還會繼續下去。如今我們會認爲要由團隊來接手，一群人在某個團隊領導者的帶領之下，一起擬定計畫，執行並管控工作。

團隊的核心價值在於集體承諾。若沒有這種共通的承諾，團體中的成員只不過是各做各的；唯有依靠這種共識，這群人才能形成一個強而有力的單位，發揮集體的力量。

理想的團隊當中，每個相關人員各司其職，但是卻能和團隊內的其他成員相互配合無誤，讓團隊能達成共同的目標。藉由如此合作，整體作用要遠遠超過各個部分的總和。

這種組織運作的最佳範例就是外科手術團隊。團隊當中的每位成員，不論你是醫師、麻醉師、護士或是其他技術人員，全都精準執行個別的專門功能。熟練運作的手術團隊之中，成員之間形成一種緊密結合沒有缺陷的互動關係。所有人都全心投入唯一的目標，爲病患福祉齊心努力。

各行各業都有成功的團隊爲我們做榜樣：奪得冠軍的隊伍、救命藥品的研究機構、消防人員打火或是救難，就連各種商業也不乏例證。

如何管理團隊

若你的管理哲學是「照我的方法做，要不然快滾蛋去做粗工好了」，那你最好有心裡準備必須改變策略。團隊的領導者，並不像老派的獨裁暴君那樣辦事情。他扮演促進推動的角色，培養、協調出一個有智慧、有動機的團隊，完成所面對的任務。強調的重點在於培養所需技能，並且統整、協調一整隊有才能也有動機的同事齊心合力。

別當老大，要做領導

若要創造有活力、積極有動機的團隊，你必須放下所謂的「老大心態」。做老大的只知道下決定，發號施令。團隊的領導者協調一群各有主見的成年人，共同面對問題尋求解決之道。成功的團隊領導營造出良好氣氛，鼓勵所屬的團隊成員自己動腦筋分析問題、提出建議，還得參與決策。讓我們看看這是如何進行的好了：

1 領導者要確定團隊成員曉得組織以及團隊的遠景與使命，讓他們持續專注達成上述境界。

2 領導者是溝通大師，而且也知道溝通要雙方面共同參與。領導要能將指令和想法讓團隊成員充分了解固然重要，他們也得側耳傾聽團隊成員有什麼點子或建議。

3 領導者的目標在於培養團隊成員的技術和能力。成功的領導者花時間看出每一位團隊成員的長處和短處，和每位成員一起努力改進個人表現。他們會鼓勵團隊成員投入終身學習，還建議有哪些資源可用，不管是企業內還是在企業外，不僅個人成長，團隊也能獲益良多。

4 領導者和成員一起設定表現的標準，明確、可達成而且能夠評量，並且設立方法讓成員曉得自己的表現如何。

5 領導者藉由認同、讚美和獎賞，激勵並鼓舞個別成員。他們也會透過訓話、公開表揚，激勵並鼓舞整個團隊，當然還可以藉由創造熱烈的氛圍提振士氣。

奉行「黃金律」

「己所不欲，勿施於人。」世上各大宗教，都可發現這條黃金律以某種型式出現，甚至有人稱之爲宗教的本質。耶穌出生之前一世紀，有位偉大的猶太學者希勒爾（Hillel），有人問他說整本《聖經》能否用一條訓示代表其思想，他是這麼說的：「最重要的觀念就是：你不願別人如何對你，就不要這樣對待他人。」現代的心理學家又再重申這條黃金律，視爲健全人際關係發展的主要因素。

遵守黃金律，又怎麼會和變爲成功領導者有關？希勒爾對此也有所解答。他說：「我若不爲己，誰來幫我著想？然而若我僅爲一己之私，那成了什麼人？」的確，神讓我們有能力擁有財富過著好日子，因而我們就有義務要盡量把握自己的天分和機會，但隨之而來我們也有義務不僅要爲自己好，也得爲別人好。

你可以發現「黃金律」的原理原則就像金絲線一般，深刻鑲嵌在所有大的哲學體系和信仰體系之中。或許並不是用相同的語句說出，不過要傳達的思想全都一樣：我們所渴望擁有的，不管是信仰、崇拜、成就還是擁有的自由，也應該賦予他人，容許並期許別人也能如此。

一旦把這種態度當做是我們的倫理信條，當做是爲人處世的原則，就會成爲日常生活中的

INK PUBLISHING

讀者服務卡

您買的書是：________________________________

生日：　　年　　月　　日

學歷：□國中　□高中　□大專　□研究所（含以上）

職業：□軍　□公　□教　□商　□農

□服務業　□自由業　□學生　□家管

□製造業　□銷售員　□資訊業　□大眾傳播

□醫藥業　□交通業　□貿易業　□其他________________

購買的日期：________年________月________日

購書地點：□書店　□書展　□書報攤　□郵購　□直銷　□贈閱　□其他

你從哪裡得知本書：□書店　□報紙　□雜誌　□網路　□親友介紹

□DM傳單　□廣播　□電視　□其他

你對本書的評價：（請填代號　1.非常滿意　2.滿意　3.普通　4.不滿意　5.非常滿意）

內容______封面設計______版面設計______

讀完本書後您覺得：

1.□非常喜歡　2.□喜歡　3.□普通　4.□不喜歡　5.□非常不喜歡

您對於本書建議：

感謝您的惠顧，為了提供更好的服務，請填妥各欄資料，將讀者服務卡直接寄回或傳真本社，我們將隨時提供最新的出版、活動等相關訊息。

讀者服務專線：（02）2228-1626　讀者傳真專線：（02）2228-1598

廣　告　回　信	
板橋郵局登記證	
板橋廣字第83號	
免　貼　郵　票	

235-62

台北縣中和市中正路800號13樓之3

印刻文學生活雜誌出版有限公司　收

讀者服務部

姓名：＿＿＿＿＿＿＿＿＿＿　性別：□男　□女

郵遞區號：＿＿＿＿＿＿＿＿＿＿

地址：＿＿＿＿＿＿＿＿＿＿

電話：（日）＿＿＿＿＿＿＿＿＿＿　（夜）＿＿＿＿＿＿＿＿＿＿

傳真：＿＿＿＿＿＿＿＿＿＿

e-mail：＿＿＿＿＿＿＿＿＿＿

INK

動態作用力與能量。這是埋藏在我們生命深處的智慧寶藏，一種指引，不分男女每個人都全心服膺的內在命令。

我們應該設定好潛意識的心智會接納如此想法：我們不是爲了自己獨自存在而是身爲團隊的一員，而且每位隊員都是夥伴、是個獨立自主的個體，爲團隊的成敗負有責任並勇於承擔，而且願意付出自己一份心力，爲謀求成功奮發向前。

若我們也容許他人擁有絕對自由，能夠運用個人的全部精神和情感去思考、表達，做決定，那就是視人如己。如此的夥伴關係當中，我們所付出的至少如同我們所期望得到的那麼多。

要做個偉大團隊的成員必須付出什麼

如之前所說，團隊的領導者並非團隊的老大，而是平等眾人當中排第一個。所有團隊成員都得要一起協力，達成團隊的目標。成功扮演好團隊成員的角色，首先你得要把自己份內的任務做到盡善盡美。所有團隊成員都必需足堪大任，拿出最佳表現。然而，光是有頂級表現還不夠。想要成爲很棒的團隊成員，還有很多方面要處理。以下幾項指導方針，有助於達成此一目標：

1 **充分投入團隊討論，還要主動傾聽**。每次討論都要積極參與。就算是你自己沒有什麼原創的見解可以提出分享，仍然可以對其他成員的建議發表意見，指出問題。不吝支持好的想法，主動提供協助。

2 **讓自己動起來**。設定與團隊任務一致的個人目標，參與建立團隊的目標。爲了達成上述目標你必須努力付出，所以在做決定之時就該表示意見。

3 **嘗試新事物**。別怕冒風險。要取得先機就得甘冒風險。想看看烏龜是什麼模樣吧，要是待在殼裡當然是十分安全，可是如果要向前邁進，就得伸出脖子。

4 **關心團隊的整體定位**。了解你們公司的文化，弄清楚公司的宗旨是什麼，並且徹底理解。評估你的團隊是多麼順應於公司以及所屬部門的目標，想看看你自己的工作要怎麼配合整個大架構。

5 **細心對待別人的觀點**。傾聽其他團隊成員的意見。即使和其他人不同，甚至恰好相反，都別怕表達自己的看法。挺身爲自己所相信的立場辯護，但是不可頑固僵化，願意妥協求得共識。

5 **發揮團隊精神**。彼此合作，別逞強。藉著共享資訊、接受困難的任務指派，而且要訓練並指導新成員，協助團隊每一份子成長發展。對你或對團隊特別有貢獻的人，不吝於大加讚賞。

7 **了解你的團隊夥伴**。了解他們的長處和短處爲何，他們的個人目標和野心，風格和習氣。如此一來，和團隊成員一同工作會更輕鬆、更愉快。

8 **累積自信**。重新讀一次本書的第二章，把你學到的全都實際運用出來。此外，閱讀自我提升的書籍和文章。自我檢視，特別留意那些需要改進的部分。舉例來說，如果你很內向害羞，就去接受自信心訓練；如果你的演說或是寫作技巧不好，就去上課矯治。

9 **別讓衝突阻礙團隊進步**。如果你和團隊裡的其他成員意見相左，甚至發生更爲嚴重的衝突，盡可能迅速處理解決。別讓衝突持續惡化。一旦順利解決，就將它拋之腦後。可別心生芥蒂耿耿於懷。「過去種種宛如昨日死。」

10 **學習團隊中的其他工作**。接受訓練，學習其他團隊成員的工作內容。如此一來你在團隊中的價值就更爲提升，因爲遇到有人缺席、工作量太大或是其他緊急狀況的時候，你就能接手代理。

11 **記錄自己的工作進度**。定期檢討你的個人目標還有團隊目標，估量一下你還差多少才能達成這些目標。準備好採取必要行動，解決那些阻撓你進步的問題。

團隊概念的基礎原理，就是所有人都齊心協力達成所要的成果，也就是說，所有團隊成員爲了完成這件事全力付出。包括了要做你並不怎麼喜歡的工作，幫動作慢的人一把讓他能夠趕上，還要把自己私心喜愛的方案放在一旁，將團隊目標放在更高優先順位。

信任的重要

不管是職場還是其他地方，任何人際關係的基礎都是要能信任。若團隊成員不信任領導者，不信任某位或某幾位夥伴，這個團隊絕對無法飛黃騰達。團隊領導的成敗，端看團隊內的人是否信任他（她）。要是人們信任你，講什麼都會有人聽。要是人們無法信任你，你說的話多半會被當成耳邊風。

若想失去別人對你的信任，其實並不太困難。團隊領導者答應某件事，後來又無法說到做到，大家就不會再信任他了。某位團隊成員隱匿重要情報不讓別人知道，那其他成員就不再信任這個人。

重建信任不是件容易的事。如果是團隊成員之間缺乏互信，那麼領導者可以介入解決問題。然而，若是領導者自己喪失團隊成員的信任，就得花費極大努力才能重建彼此的信任關係。

信任自己，相信自己有能力提出創見，才會被上司看重，成爲優質部屬，自信可以將他們未開發的潛能激勵出來。

不管要做什麼，鼓勵你的團隊成員養成獨立精神，自動自發推展進度。讓他們有機會藉由工作表現，展現自己的能力。不要只安於做大機器裡的小螺絲釘，鼓勵團隊成員動腦筋，將想法付諸實行，即使受僱於人，還是可以盡可能成就自我。

改變並非易事

變更做事的方法，往往並不容易。你必須徹底改變自己對這份工作的看法，還要改變你對自己的觀點。沒有人眞正樂意改變做事情的方式，你已經習慣用某種特定方法工作，繼續用原本的方法讓人十分自在。任何改變，你都將離開這個舒適範圍，除非你變得沒那麼舒適，否則不可能求取進步。你必須深入潛意識心智挖掘，清除一切陳舊的習氣，樹立新的辦事方法。

這是個相當困難的過程，但是一切辛苦都很値得。你可能因此得到下列幾個好處：

1 **保住工作**。事情就是這麼簡單。如果公司每況愈下毫無起色，那你的飯碗也將不保。要是公司業務蒸蒸日上，不僅你的工作有了保障，公司擴張帶來的機會你也有份。如今這個高度競爭的社會中，企業想要昌盛（甚至是爲了求生存），就得有所改變。可是，除非組織內的每一分子都參與改造，公司不可能有什麼變化。接受新的變化，你也盡了一份心力，保有公司的活力。熱切投入支持改變，你就能增強公司面對挑戰的能力。

2 **個人成長**。團隊的環境要求其成員運用個人智慧、創造力、專業技能，合力解決團隊面臨的問題。現在，你有機會表示個人意見，對於如何把工作做好提出看法，這可能是有史以來第一回的體驗。這可以刺激你的心智，鼓勵你累積相關知識。每次成功達成任務，你的自信心就更加增長。若是遭遇挫折，專注於過去的成功經驗而不要爲了眼前不如意而憂愁，如此將能助你養成必要的靈活彈性，接受挫折還能從中學習。

3 **成就事業**。如果你的目標是要在公司裡步步高升，主動參與團隊的活動可以讓你擁有所需的領導經驗。你得要協助主持會議、領導專案進行，還得訓練、考核下屬。你對團隊的貢獻會被看見，也將讓更高層的管理者留下深刻印象。成立新團隊的時候，你已經準備好可以擔任領導者的角色。

克服改變的阻力

抗拒改變的不是只有你一個人而已；你們公司裡可能還有其他人也會想方設法，阻撓由工作小組改變成爲工作團隊。大多數的人不願改變，找出各種理由保留原本的運作模式。

一旦面臨工作方式改變，最常見的反應往往就是：「可是我們之前一直都是這麼做的啊。」爲了改變工作方法，得要告訴團隊成員如此變化會有什麼好處。

人們爲了保有原本做事方法，另一個可能理由會是：「東西沒壞到不能用就別修」，或是另一句常用的藉口：「可別弄巧成拙」。

毫無疑問，許多之前做事的步驟、程序和方法一直都很成功。不能只爲了想有所變化，立刻說變就變。重點在於，即使之前的程序「沒壞」而且還能運作，仍然必須仔細檢討，看看是否能有所改進，以便轉換成團隊型態的時候可以更有效率。

除非企業內部的高層主管全心服膺，大力支持，轉換成團隊型態絕對無法成功。

第一線的管理者會覺得他們的角色被削弱，而且說不定連職位也會被裁撤，並且認爲他們的角色轉變會減低其地位。

從監督管理的人變成團隊領導者，並非一蹴可及，這需要花時間，而且往往是困難萬分。必須讓負責督導的人清楚了解，他們可以藉此改變獲益。讓他們安心曉得，把原本一部分的職務授權下放，自己就能有更多時間改善整個工作程序，構思新的專案，並且拓展他們的工作廣度。如果你一直灌輸他們的潛意識心智這些保證的話，他們的潛意識心智將會吸收並隨之調整，有助於接納所需的改變。

團隊合作規畫工作

團隊裡的成員各具專長，可以集合起來達成團隊的目標。哪個部分由誰負責必須清楚區分，還要符合整個團隊的大方向。所有成員心中都應該對整體架構有所認識，明白自己的定位以及分工，如此協同作業，必能完成一個人辦不到的大事。

規畫團隊面對的工作，團隊領導應該盡可能活用成員的知識與經驗。就像之前所說，由整個團隊一起擬定的團隊目標更能收到成效，將目標付諸實行所需的程序和方法（也就是所謂的工作規畫）同樣能夠獲益。

團隊合作

「兩個人動腦勝過一人想破頭」這句諺語，可以再推而廣之成爲「三個人動腦比兩人強」，依此類推。如果你能利用別人的腦力，再和自己的腦力結合，成功的機率又更加提升。與團隊成員緊密合作，並且和你個人專業以外的其他領域專家共同配合，不僅可從他人身上學到許多（當然別人也可向你學習），而且團隊中的互動也可刺激你的想法。這個做法可砥礪你的智慧，精準你的眼界，激發你的創意。團隊合作增進潛意識心智的力量，讓你能夠做出更創新、更明智的抉擇。

我們經常可以看到，某人的想法可以激發出另一個人提出點子。你的腦子具有無限潛能，可以生出無窮無盡的各種想法。絕大部份的腦力都深深埋藏在潛意識裡，等待被發掘。一群人集合起來討論事情，某位成員所說的意見就能將其他成員潛意識裡的想法引出來。任何意見都能在別人的心中播下種子，萌發成更新的想法；每個人都盡情暢言，分享自己的想法與見解，其他參與討論的人也能各自將這些意見吸收、接納，在其內心塑造變化，而團隊合作的功效就是自己一人努力也無法得到的新思想。

團隊合作增進熱忱

若人們參與決策過程，那麼他們就會全身投入追求成功。身爲決策流程的一份子，就讓人們認爲自己也是這個項目的「擁有者」，而擁有權可生出無與倫比的熱忱投入。心裡一直對自己這麼說：「這是我的專案。一定要成功。」

心中怎麼想，就會決定了結果如何。若是人們眞的熱切關心，就可以發現他們眼光炯炯有神，散發警覺而充滿活力的特質。你可以發現他們的腳步輕快，你可以見到他們全身上下十分有勁。心中懷抱熱忱，對待旁人的態度不一樣了，看待工作、環境的心情也大不相同。熱忱會造成重大影響，讓人生擁有風情與樂趣。

速旅（Travelocity）是家極爲成功的線上旅遊服務公司，其執行長蜜雪兒・培魯索（Michelle Peluso）希望有個熱力十足的團隊做她後盾，方法就是讓團隊充分參與。她的管理哲學認爲：人們想要每天上班，是因爲他們相信一起工作的那群人，相信大家打拚的目標：信任你的夥伴、同事，而且衷心認爲公司爲顧客提供最棒的服務。

培魯索用很多技巧讓員工充分參與：她每週發信給大家，告訴同仁們「速旅」的顧客滿意度領先業界。她請職員們推舉出最能代表公司價値的員工，特別介紹這幾位楷模，細數他們對公司的貢獻。她鼓勵團隊成員經常和整個團隊溝通協調，不要等到發生問題才聯繫。她每月舉行午餐聚會，每個人都能自由參加，藉此機會和團隊旗下的每個人都直接面對面接觸，而且她自己也樂意和同仁進行私下而開誠布公的會談。她每季都會走訪各地辦事處，公開討論公司財務、競爭排名以及其他各種議題，團隊成員都很想知道他們努力工作有何成效，上述作法深得人心。

交付責任讓團隊成員能夠成長

責任是種強而有力的發展因子，負起責任的人都能因此成長。從來不曾有機會擔起責任，絕對沒機會培養出自己的力量。因爲他們從未被迫要自己擬定計畫，他們未曾培養出新穎、原創、主動、獨立、自足、膽識和韌性等等能力。創造、綜合、危機處理的能力，一直要指揮所屬部隊應付困難狀況而養成的能力，調整手段以達成目的，讓人足以應付國家或企業遭遇重大災害的堅忍或能力，這些全都得長年下來委以責任實際演練得來。

謹記在心

1 **團隊的核心價值在於集體承諾**。若沒有這種共通的承諾，團體中的成員只不過是各做各的；唯有依靠這種共識，這群人才能形成一個強而有力的單位，發揮集體的力量。

2 **別當老大，要領導衆人**。你必須放下所謂的「老大心態」。做老大的只知道下決定，發號施令。團隊的領導者協調一群各有主見的成年人，共同面對問題尋求解決之道。

3 **成功的團隊領導營造出良好氣氛**，鼓勵他們所屬的團隊成員自己動腦筋分析問題，提出建議，還得參與決策。參與是成功之鑰。

4 **任何改變，你都將離開原本的舒適範圍**。除非你變得沒那麼舒適，否則不可能求取進步。你必須深入潛意識心智挖掘，清除一切陳舊的習氣，樹立新的辦事方法。

5 不管是職場還是其他地方，任何人際關係的基礎都是要能信任。若團隊成員不信任領導者，不信任某位或某幾位夥伴，這個團隊絕對無法飛黃騰達。

第13章

表達誠摯的感謝

每個人都需要被愛、被珍視。每個人都需要覺得自己在世上很重要。知道別人也在乎他們的眞正價值。和你一樣，他們也能感受到生命的尊嚴。如果你能有意而且故意往這個方向努力，就能增進這些人，他們也會用愛與善意回報你。

〈箴言書〉中有一段，所羅門王說道：「讚美要及時。」這就包括了感激、道謝還有禮貌。我們經常可以見到，許多個人或家庭都缺乏這種態度。孔子說得好：「孝悌禮之始也。」大家也時常聽到「不管我怎麼做，都不夠好。他（她）從來不會表示感謝，連一句『謝謝』也沒有。」

顯然，問題在於你表達謝意的頻率，要多久才會說一次：「多謝，眞感謝你。我覺得你是我們團隊裡重要的一員。」如果你想聽到這種激勵人心的話，最好的方式就是對別人這麼說，每日不間斷，直到你養成習慣，而且要誠摯發自內心。黃金律的具體實踐，就是要實際表達你的感激之意。

我們往往都把員工和同事的貢獻視爲理所當然。我們還以爲感激之意已傳達出去，等他們離職、另謀高就的時候才大吃一驚。

湯尼離開「大樓管理公司」（Building Maintenance Company）的時候，離職會談之際他被問道對這公司最好以及最差的印象是什麼。湯尼回答道：雖然公司的薪水和福利都不錯，總是覺得和整個企業格格不入。他說：「我一直有種感覺，我只不過被當作是大機器裡的小螺絲釘。」「任職九個月期間，我多次提供建言，自願負責額外的專案，還試著要用創新方式處理交辦給我的工作。上司都不認爲我做的這麼多有可能對公司有所貢獻。」

要是公司能看出湯尼的本事，將他提出的建議交付討論以表示十分感謝他的貢獻，並且展現出公司是多麼重視他的付出，說不定就能留住一名極具價值的員工。

表達感謝之意

美國著名心理學家威廉・詹姆斯（William James）曾經說過，人性當中最深層的驅動力量就是渴望得到讚賞。我們在日常生活中，不論是私人事務還是工作上，往往忘了對那些曾助我們一臂之力的人表示感謝。

我們會傾向於提出批評，而不是看出有什麼地方值得嘉獎。表示謝意不僅可讓職場的人際互動更加和諧，還能在你的團隊裡營造出齊心合作的氣氛。當你必須勸服團隊成員接受你的想法之時，上述做法會使得所有成員更容易體諒配合。

將此列爲工作要點，至少要和所有同事維持友好關係，並以溫情緊密的相互連繫爲最高目標。方法之一，那就是只要別人的付出對你有所助益都必須表示感謝。

許多企業經理人以爲，對於工作表現優良的謝意，只要加薪或給予獎金就行了。當然，員工心中期待能有實質的獎勵，可是光是發錢並不足夠。

馬里蘭州有位商人，教我如何在此之外加倍用心。有位員工長期以來一直比別人的績效更好，他對公司的付出遠遠超過個人職位的責任要求。他拿的獎金比其他人還要多，然而金錢無法表達經理的心意，因此老闆親筆寫了封感謝函，再把獎金放在一起。老闆在信中謝謝他的努力，還說他對公司來說眞是無價之寶。之後某個機會，這名員工特別謝謝老闆寫了感謝信給他。他說自己都感動得流下淚來，他會把這封信當做寶貝一樣永遠珍藏。

感恩節假期前夕，康乃迪克州諾瓦克（Norwalk）的斯圖・倫納德（Stew Leonard's）超級市場忙得不可開交，有幾位內勤辦事員注意到結帳收銀台大排長龍，不需主管催促就主動放下手邊的工作，到收銀台前幫忙裝袋，加速人龍前進的速度。

超市的負責人斯圖想到一個點子，要爲這幾位不吝協助他人的同仁來點不一樣的獎勵。等假期的忙碌告一段落，他去買來漂亮的針織衫送給每人一件，上頭繡著「斯圖・倫納德

ABCD榮譽獎」。這幾個字代表「做得比工作要求更多」。特別標示出那些人做得比職務要求更多，除了能讓顧客一眼認出，更讓共事的人、同僚和主管等等所有的人都曉得，老闆十分感激這些人的無私付出。

爲什麼人們不能表示感謝之意？

我們往往會以爲，當一個人說「謝謝」的時候，是刻意用策略表達謝忱。有時候還會覺得這麼做根本沒有必要，因爲別人「只不過是盡到他的責任」。有時感激的話說不出口，是因爲應該如此表達的人覺得這等於示弱，或是以爲這就表示自己有所缺失。這人可能在潛意識裡這麼想：「如果我跟他們講『幹得好』，就可能讓別人把我看扁了。」這種想法是沒有根據的。所有的大人物都會再三表示，感謝那些曾經幫助他們的人。事實上，表達感謝之意可改善他們已經掙得的強硬形象，還能贏得追隨者的高度忠誠。

表示感謝不需太過熱情。誠摯地讓對方知道你對他所做的工作或所提供的服務有什麼感覺，或是對某項特殊成就覺得十分傲人，這就夠了。眞摯誠心的致謝永遠不嫌多。假想以爲自己的謝意是不用開口說就已經傳達出去，對那人並不公平。對那人說你很感謝他所做出的貢獻，並解釋你爲什麼會有這種感覺。如果是某個特別的行爲導致特殊狀況，那麼行爲完成後就要盡快表示你的感謝之意。就如同在蛋糕上加糖霜裝飾，表達致謝之意可以讓成就的喜悅更加怡人。

感謝要出自誠心

說出口的話，如果想要讓聽者認爲是發自誠心，那就得眞正有感覺而且自己確實相信。即使講得天花亂墜，也遮掩不了僞善沒有誠心。你的聲調、眼神還有肢體動作，全都反應出你的眞正感受。我們不需要假裝對別人表示感謝。絕大多數的人都有好多事要感謝，而且有好多人應該受到我們誠摯的感激。

我們應該感謝其他員工或團隊成員的額外努力，感謝朋友或親戚給予的特別溫情，或是同事對我們的額外鼓勵。了解到我們虧欠別人這麼多，應該能夠觸及深埋心中的泉源，湧出眞實而誠懇的感激之意。感謝的話來到嘴邊，千萬別阻止壓抑。就讓感謝的話由嘴裡說出來，傳達到該當領受的那人耳中，那天他一定過得更好，你也一樣。

提供積極而正向的強化

獨斷的老闆不停挑毛病、指責、抱怨，而且只要有不好的表現就會被他牢記不忘。可是他（她）總是把好表現視爲理所當然。今日的管理者已經曉得，要強化屬下所做的好事，而不要一直叨唸他們的錯處和缺失，可得到更多產量以及更高紀律。

人們總是聽到批評的話，就會覺得自己很笨、不如人，而且心生怨恨。雖然某人也許做了什麼不怎麼令人滿意的事，你的目標應該是要改正行爲，不是要讓他覺得不愉快。

著名的心理學家史基納（B. F. Skinner）發現，批評往往會強化不好的行爲（大肆批評才會讓初犯者惡名昭彰）。他提出建議，我們應該把對於不良行爲的反應盡量減小，對優秀行爲的感激盡量放大。若是人們一直飽受抨擊，就會養成一種失敗模式，深入他們的潛意識心智當中。他們自以爲能力不足，這又增加失敗的機率。爲避免這種惡性循環，應當用指導取代責備批評。

平靜地告訴那人：「你在工作上一直都有些進步之處，不過還是需要繼續努力。我來教你幾招，可以進步更快些。」而不要大肆宣揚有人把事情搞砸了。如果工作眞的有所改善，就要把它當做大事。採用這種方法，正向積極的想法就會被灌輸到他的潛意識心智內，而非負面消極的態度。

有些督導者害怕讚美別人會顯得自己軟弱：「我們可不想把部屬慣壞了。」讚美別人不是示弱，這是一種能夠強化良好表現的積極作爲。一旦你不再把職員們視爲部下，而是當成夥伴，共同齊心達成同一個目標，你就能自然而然地適度讚賞他人。

讚賞不可過於浮濫

讚賞使人向上。雖說我們都需要受到讚美，有助於提升自我觀感，你可不能隨意稱讚別人，讚賞應該保留給那些值得特別指出來的特殊成就。那麼，如果從來不曾做過什麼值得表揚的事情，怎麼辦？

瑪莉亞管理的文書人員，就是面臨如此情況。有一些表現吊車尾的作業員抱持一種心態，認爲只要做到指定配額的數量，就還算過得去。讚美他們達成配額目標只會更強化上述想法，以爲只要這樣就夠了。要是爲了不能做得比所要求配額還多而加以指責，反而會被回嗆說：「我不過是盡本份。」

瑪莉亞決定要試看看另一種正向強化策略。她交給每位操作員一份特別的任務，而且並未設立指定工作配額。等工作完成，瑪莉亞就讚美這位員工做得很好。所有新的作業她都採用這種方法，到最後她總算有可能發自誠心稱讚每一位文書人員。

有的時候，我們比較容易挑毛病，而不是發現有什麼事情可以表示讚賞。這是因爲你期待員工要表現得好，或許你專注於加強比較不足的部分。道格拉斯（Douglas P.）是加州一間連鎖超市的區督導，經常要去查訪轄下的八間分店。據他表示，他到店裡巡視就是要去尋找哪裡有問題。他會挑剔店經理的排貨方式，結帳隊伍前進太慢，還有他發現的其他缺失。「我的工作就是如此。」他說，「確保一切都按規矩辦。」

你可以想像得到，每個店裡的員工都很怕他來巡查。道格拉斯的上司認可改進錯誤十分重要，然而在此同時還指出，店面銷售量超過預計，還有成本管控得宜，店經理也需要聽到主管讚美他的成功之處。上司建議道格拉斯找出做得好的部分，表達嘉許；並且鼓勵他提出改善的建議，不過別把這當作是巡訪店面的主要焦點。

雖然不太容易，道格拉斯遵循上司的忠告。不出幾個月，分店的經理都很期待他能前來訪視。他們開始會提出新想法，而且還會徵詢他對店中事項有什麼意見。店員和其他工作同仁很快克服對這位「大老闆」的恐懼心態，欣然接受他的批評和意見。

有效讚賞五要點

讚美雖能激勵人心，並非萬靈丹。有些督導讚賞每一件小事，就削弱了讚賞大成就時的價值。另一些人表示讚美的時候方式不佳，看來就很虛假。要想讓你的讚美更能發揮作用，遵循以下幾點建議：

1 **別過頭**。讚美聽了甜在心裡。糖果也是甜的，但是你吃得越多，每一顆糖就變得沒那麼甜了，而且你會吃壞肚子。太多讚美減少每一句讚美所能獲取的好處；如果做過頭了，會完全喪失價值。

2 **要誠心**。你沒法假裝誠懇。你必須眞正相信你讚美部屬是因爲他確實値得讚美。若你自己都不相信，你的屬下也不相信。

3 **讚美的理由要明確**。「你針對XYZ一事所提出的報告，讓我能夠更清楚了解這件事的複雜面向。」要比「幹得好！」更能達到效果。

4 **徵詢部屬提供建言**。被徵詢提供意見以應付某個狀況，算是極大的殊榮。然而，如果你沒有接受此項意見，這個做法有可能適得其反。若你必須拒絕別人的提案，針對那些行不通的回答提出質疑，直到他們能夠看出自己的做法錯在哪裡，然後想出好的意見。

5 **公開讚賞**。斥責一定要私下爲之，只要情況允許，讚美則應公開表達。有時，所要讚賞的事情是私人事項，但是，給予讚美的時候通常很適合讓整個團隊都參與。如果其他員工注意到你讚美某位同事，就可以刺激他們爲尋求認同而加倍努力。

大張旗鼓表揚有成就的人

某些例子中，對重大成就應公開加以表揚嘉許，例如開會或公司活動之際。若這些成功達成目標的人、値得稱道的成就如果能在同事面前公開接受讚美，就可以鼓勵其他人以此做爲榜樣。

之前第十一章，我們提到過玫琳凱的事蹟。她們公司激勵員工的方法之一，就是給予達成傑出表現的夥伴表揚認可。除了得到獎品與獎牌，還要在公司大會好好款待獲勝的得獎者，並登載於公司的內部刊物。參加玫琳凱的年度大會就等於是參加一場慶功宴。優勝者一一被叫上台，在眾人歡呼鼓掌聲中接下獎品。據優勝的得獎者表示，得到上級肯定還能接受同事喝采，本身就是最好的獎勵。

留下可保存的紀念

公司提供的獎品各不相同，有的是平價獎牌、紀念品，或是一筆現金、奢侈品，或是國外旅遊。

玫琳凱公司最高級、最令人渴望的獎品就是那輛著名的粉紅色凱迪拉克轎車，是在公司頒獎慶祝大會上送給最成功的那人。要得到這個大獎，業務員必須面對一連串的挑戰與檢核標準。這個獎品得來不易，然而每年都有更多的玫琳凱同仁「達到標準」。

玫琳凱並沒有把車子送出去，公司把車子借給優勝者使用一年。為了能夠繼續保有這輛車，或是升級到下個年度的新款式，得獎的業務代表必須持續合乎標準。這眞是保持優良表現的最佳驅動力！因此，榮獲車子獎品的優勝者很少需要把它繳回公司。

送出的獎品並不一定要像玫琳凱的凱迪拉克轎車那麼大費周章。不論你給員工的獎勵是哪種類型，不管是大禮還是小意思，都值得再多花點錢加送一張證書或是一面獎牌。員工會很樂意將這些具有紀念性的物品掛在辦公間、座位上，或是家裡。現金會被花掉，商品會壞會舊，國外旅遊只留下淡淡的回憶，但是證書或獎牌，甚至不過只是一封感謝函，卻是這次得到獎勵的永恆提醒。

成功檔案：記分卡

希拉瑞（Hillary M.）是佛羅里達州一間大地產公司的業務經理，只要業務員有特殊表現，他就會寫一封感謝函致意，像是賣出之前一直推不動的房產、取得高收益的代理銷售權，或是採用有創意的手法成功售屋。

希拉瑞給業務員感謝函的同時，還附上一個標有「成功檔案」的資料夾，上面是這麼寫的：「請將所附函件歸檔收於此夾中。之後再收到我，或是其他經理、客戶，或別人給你的賀函時，也請加到檔案內。各項特殊成就也請納入此檔，例如像是贏得銷售獎、超過規定的業績額度、開發原本難以打動的新客戶等等。時光飛逝，你也許會遇到失敗、挫折，也可能有某些時刻你會覺得對自己沒有信心。這個時候，再回頭看看這些信函。它們可以證明你是個成功者，你有能力，證明你是與眾不同。你之前成功過，也可以再上高峰！」

收到希拉瑞謝函的人一再反應說，重新閱讀這些信函如何能夠幫助他們克服銷售低潮、心情沮喪的時期，擺脫一切都不順利的噩運。這個檔案藉由強化其自尊而「重振」精神，並且讓他們能夠懷抱新的力量和信心，面對新的困難與挑戰。

鼓勵同儕認同

另一個成功的激勵法是同儕認同。公司會鼓勵員工讚美或正式表揚那些能讓工作更容易或更令人滿意的同事。其中一個方法就是讓屬下把和他有所互動的其他員工，當成是客戶或供應商。

並不是只有督導、經理以及團隊領導者才看得出是誰做出特殊貢獻，所有團隊成員和同事每天看著彼此的工作付出。讓員工也能對同儕的工作表示嘉獎認同，不僅可把經理或許還沒注意到的成就攤開在眾人面前，同時也可以使得提名者和被提名者都感受到，他們是屬於一個統整、彼此相關而且互相照顧的組織。

在紐約市布魯克林區以及佛羅里達州海厄利亞（Hialeah）都設有工廠的密力電子公司（Minicircuit Labs）採用上述方法，取得很棒的成效。該公司交給每個員工一張「今天我要謝謝你」表格，讓他們可以在上頭寫些感謝的話，留給當天特別值得致謝的同事、部屬或其他同仁。

德拉瓦州威明頓（Wilmington）的AG商店（A&G Merchandising Company），團隊領導都有好幾盒謝卡，封面上用很漂亮的字體印著「謝謝您」，卡片內頁則是先留空。每當有人做了什麼值得特別嘉許的事情，那人的團隊領導者就會取一張謝卡做記錄，詳加描述他的特殊成就並恭賀此人成功。收到謝卡的人都很珍惜，還會拿給朋友和家人分享喜悅。

謹記在心

1 **真摯誠心的致謝永遠不嫌多**。假想以為自己的謝意是不用開口說就已經傳達出去，對那人並不公平。對那人說你很感謝他所做出的貢獻，並解釋你為什麼會有這種感覺。

2 **人們總是聽到批評的話，就會覺得自己很笨、不如人，而且心生怨恨**。雖然某人也許做了什麼不怎麼令人滿意的事，你的目標應該是要改正行為，不是要讓他覺得不愉快。

3 **若是人們一直飽受抨擊，就會養成一種失敗模式，深入他們的潛意識心智當中**。他們自以為能力不足，這又增加失敗的機率。為避免這種惡性循環，應當用指導取代責備批評。平靜地告訴那人：「你在工作上一直都有些進步之處，不過還是需要繼續努力。我來教你幾招，可以進步更快些。」而不要大肆宣揚有人把事情搞砸了。如果工作真的有所改善，就要把它當做大事。採用這種方法，正向積極的想法就會被灌輸到他的潛意識心智內，而非負面消極的態度。

4 **讚美別人不是示弱，這是一種能夠強化良好表現的積極作為。**一旦你不再把職員們視為部下，而是當成夥伴，共同齊心達成同一個目標，你就能自然而然地適度讚賞他人。

5 **讚賞應該保留給那些值得特別指出來的特殊成就。**

6 **注意人們所做的貢獻並且大加讚揚，**專注於正面積極的方面，你就能強化他們要把事情做好的欲望。

7 **成功達成目標的人、值得稱道的成就如果能在同事面前公開接受讚美，**就可以鼓勵其他人以此做為榜樣。

8 **鼓勵員工讚美或正式表揚那些能讓工作更容易或更令人滿意的同事。**

第14章

更有效的溝通方法

口才便給的人、懂得運用動聽話語表達的人、演說魅力能夠立即打動聽眾的人，都要比那些無法從容或用口才表達自己想法、卻可能懂得更多的人更占極大優勢。

爲了讓工作順利完成，我們必須和一起共事的人互相溝通。不論是藉助口語或手寫形式，若不把話講清楚，沒有辦法把工作做好。

然而，我們所說出口的話能不能得到預期效果，不僅由內容決定，也和講的方式（或是寫的方法）有關。不論要傳達的是命令、建議還是想法，我們必須確定溝通對象不但弄懂我們的意思，還會接受我們的意見。

如今，溝通（你說了些什麼以及你是怎麼說的）將會決定你究竟會成功還是失敗。打個比方，就拿雷根（Ronald Reagan）做例子。許多美國人覺得他最主要的特長就是能夠很有效地和選民溝通。

大多數成功的專業人士、商場經理以及政府首長，也都具備這項技能，你也可以學會，只要有意志和決心就夠了。一旦改善溝通能力，就可以更有效的把你的想法講給老闆、同事、顧客、團隊，甚至是朋友和家人聽。

文字的力量要大過熱核武器或原子彈，原因很簡單，不論武器要拿出來用還是備而不用，都必須依照文字所下的命令辦理。文字的力量可用來指揮原子能驅動船隻橫越大洋，或是摧毀城市、國家。一場爲改善溝通技巧而開辦的研討會上，參加者學到文字能夠爲他們達成驚人成果。還說學員最好能挑幾句有用的話，每天早晚反覆唸誦差不多十幾分鐘。或者，如果他們願意的話，可將想要實現的心願寫下來，三不五時在心中默唸這些句子，藉此將這些想法送入潛意識心智。

有位參加者是位保險業務員，他很坦誠這麼宣示：「從今而後，我只會引來有意願的人，他們有錢可以用於小孩的教育以及個人理財投資。」他堅定持續用這些肯定的話語，就比之前引來更多關心這些議題的人。如今機會似乎源源不絕從各方湧現，而且他已邁開大步，生活水準以及各個層面都有顯著提升。

良好溝通要有所準備

不論是對群眾演說，或者是一對一談話，都應事先想清楚你要傳遞的訊息，並且仔細考量要如何呈現。有時你得要很快動腦沒有多少時間可供準備，不過比較常見的狀況是當你必須討論事情的時候，可以預做準備，即使可能是在倉促間得到通知。

了解你的主題

工作上，通常會和別人溝通那些你大致上已經熟悉的題材：現在正進行的事務、你個人專業領域以內的事項，或是和公司有關的狀況。但是你仍然需要先檢視一下現況，確定你已掌握所有已知情報，並準備好回答任何問題。

偶爾，你可能被要求對你沒那麼熟悉的事情提出報告。例如說，貴公司可能想要採購一套新的電腦軟體，請你稍微研究一下。你可以依照下列幾點開始著手進行此類任務：

1 盡可能多多學習關於那主題的相關知識。

2 比你認爲提出報告所必要了解的還要更多得多。

3 推薦的採購品、所決定的方案等等，準備好相關優、缺點的筆記。

4 不論這是要面對一個人（例如像是老闆）報告，還是要面對整批的幹部或技術人員，準備好回答任何可能提出的各方面問題。

了解聽眾

好的溝通有一半是要靠對於你的聽眾有充分了解。如果聽眾聽不懂，即使是技巧最好的演說家也無法有效溝通。選擇聽講者能夠輕易理解的用字遣詞，如果你講話的對象是來自技術背景，可以用他們清楚明白且很快弄懂的專門詞彙。但是，如果是面對不熟悉所談技術主題內容的聽眾，別用術語。要是聽你講話的人不曉得你用的那些字，所要傳達的訊息就無法如願。

工程師丹尼斯（Dannis K.）應邀對一群金融家講解他想出來的一套概念，希望能從他們那得到經費，贊助公司的方案。他找老闆提供建議。「要把想法說給其他工程師了解我還有辦法。」他這麼表示，「技術人員的用語都差不多，可是這些銀行家等於是外太空來的，我好怕他們根本就搞不懂我在講些什麼。」

老闆告訴他，確保他的訊息能傳達出去是他自己的責任，不該要求銀行家。他必須把技術用語轉譯成一般人的通俗用語，如果只能用技術性的語言，某個詞彙第一次出現的時候就應該花時間解說其意義，如他認爲有必要再強化的話至少還要再解說一次。

丹尼斯遵照這個建議，老闆和同事都大加讚揚他的表現，而成功地讓銀行家出資金援這項專案。

另一方面，可別用高高在上的語氣對聽眾說話。人事專員伯納德（Bernard R.）受僱於一間大企業，訓練工廠督導關於最新的就業平等法及相關規定。伯納德以爲這些督導對法條完全沒有概念，就花了一個上午的時間從最基本說起。直到中午用餐休息，他才曉得這些人不久前才參加過另一個研討會研習這些法規，原本期待他能說得比較詳盡深入，如何解釋、實用這些條文。當然，請伯納德來的經理應該先告訴他這件事，然而，好的溝通者認爲他們要負責地盡可能多加了解聽眾的背景，還有他們對此主題有多少認識，這樣一來才能有效率地進行溝通。

留意身體語言

若要傳達你的想法，不僅口中所說的內容可表達訊息，你的身體也有話說。人們不單透過語言溝通，也會透過面部表情和身體動作傳遞思想。要是能有一部身體語言的字典那就好了，我們就能很方便地解釋那些姿勢代表什麼意思。然而，因爲身體語言並不像口說語言那麼標準化，無法編纂這麼一部字典。

我們的文化和種族背景、父母表達自我的非言語方式，再加上其他的個人經驗，都會影響我們運用身體的方法。每個人的身體語言各不相同。某些姿勢（像是點頭、微笑）似乎普遍可見，然而並非每個人都以相同方法運用身體語言。當你面對特定的某位人士，無法保證他或她所發出的信號符合你所期待。

比如說，當你說話時，聽者頻頻點頭。這很好，你認爲他或她同意你所說的，可不一定是如此，有些人會點點頭只是要表示他們在聽。若某人在你說話時雙手環抱在胸前，你可能會認爲這動作是潛意識顯示不同意，可是這也可能僅僅是因爲那人覺得很冷！非口語的暗示很容易被誤會。

花時間記住每個人的身體語言，研究你同事的身體語言。約翰笑成某個樣子，代表某個意思；另外一種笑法，意思又不一樣。或者是說，珍納不同意的時候，就會皺起額頭。刻意花點力氣研究人們個別的身體語言，並且銘記在心中。

你有沒有留意過自己的身體語言？有個方法是在鏡子前面練習，看看你是如何將訊息投射給外界。也許會發現有些手勢、表情或是動作會讓人分心，甚至與你嘴巴所講的衝突矛盾。更有效率的方法是請別人將你實際演說的情形錄下來，仔細研究所錄到的影像，你就能找出不正確的印象並加以導正，並且強化能支持論點的那些姿勢。

你眞的有聽進去嗎？

假設，有位同事帶個問題來找你請求協助。一開始你很專注傾聽，可是你自己都還沒發現之前，注意力就不知飄盪到什麼地方去了，你並沒有認眞聽他提出的問題，反而在煩惱還有成堆未完成的工作在等著，想到接下來已經排好要和公司的副總見面，或是你兒子在學校出了狀況。你聽著同事講話的聲音，可是你眞的有聽進去嗎？

你有沒有遇過這種事？當然，一定發生過。我們每個人都會這樣。人類心靈的運思速度，要比講話快上十倍。別人在說話的同時，你的心思可能早就超前飛馳而去。說話的人還沒把句子講完之前，你已經在心裡幫他（她）說完了，不過往往會弄錯意思。你「聽到」自己心智所限定的東西，而不是別人眞正講出來的內容。這是人的本性如此。然而你不能拿這當作沒有認眞聽別人說話的藉口。

假設說，現在你的心思已神遊太虛，根本沒聽到對方在說些什麼。承認自己沒在聽實在十分尷尬，所以你就假裝聽懂了。你了解最後聽到的那幾個字，表示意見，如果還說得通，那算你運氣好，可是你很可能已經錯過討論的主旨。

當你有聽到卻沒聽進去的時候，倒也不需要坦承說「很抱歉，我剛出神了。」有個方法可以回歸討論正途，那就是針對你眞正聽進去的最後那個論點提出問題或發表意見：「我們能不能倒回去幾分鐘，從某某事再接下去講？」另一個方法是像這樣發表評論：「爲了確保我能夠更清楚關於這事你的觀點，麻煩你更詳細解釋一下。」

成爲主動的傾聽者

當然，訓練你的心智避免做白日夢，並且能夠摒除讓人分心的事物，那就更好。

艾涅斯・貢特（Agnes Gund）曾任當代美術館（Museum of Modern Art）的館長，主持這間全美最大的當代藝術館，當時正在進行建築物的大規模重新設計，經費高達八億美金。她必須與各個政府部門打交道好讓他們同意這個計畫，即使一開始雙方的意見未必相同。貢特需要學會眾多技巧，說服他人能夠了解她的想法，並且同意她的構想會得到最佳結果。她發現到自己有個並不完全認眞傾聽別人講話的傾向，而且她也明白雖然自己是藝術方面的專家，對建築並不那麼在行。貢特女士知道潛意識心智的力量，所以她就專心冥想：她需要全心力專注聆聽建築專家所說的事情。結果，整建計畫順利完成，並將各方衝突減到最低。

除了設定潛意識心智認眞接聽別人說話的內容，你可以採取若干主動步驟，改善聆聽技巧。可別只是坐著或站著洗耳恭聽，遵循以下指導原則：

1 眼睛看著說話的人。眼神接觸是一種顯示興趣的方式，不過可別做過頭了。看著那人全身；

不要只是盯著他（她）的眼睛瞧。

2 藉由臉部表情顯示你感興趣。適當時候微笑或表示關切。

3 透過點頭或是手勢，表現出你跟得上對話。

4 針對之前講過的內容提出問題。你可以如此引述：「我所認為的就是……」或者提出關於特定論點的特殊問題。這個技巧不僅使你能釐清不甚明白的論點，同時也使你常保警覺投入完全注意力。

5 別插嘴。語氣停頓並不應被認爲是要你開始講話的信號。等待該你講的機會到來。

要有同理心

談話心不在焉的原因之一是由於缺乏同理心。我們太自私、太忙著在乎我們自己的利益，躲藏在自己的小小世界裡，太想要自己謀求提升而對別人漠不關心。沒有同理心的人，無法成爲良好對話者。要做個好傾聽者或是好說話者，你得要有辦法進入別人的生命裡，和他一起活過一段時光，而且你必須順著他們所關心的層面，觸動與你對話的那個人。不管你對某件主題有多少認識，若是不能引起你的談話對象心中興趣，你所做的努力大半要白費。

促進溝通

許多公司花費鉅款投資複雜而昂貴的通訊系統，以便能夠更快速更有效地應付顧客，然而大體而言，科技將公司組織去人性化，使得和這些公司交手的經驗不但不愉快，往往還是十分挫折。這種做法未能達成溝通的主要目的：在與顧客以及大眾相處時迅速、便利以及愉快。

客戶和消費者一樣，都受夠了自動電話轉接系統，要打電話來的人在線上等著，甚至還被掛掉。競爭極爲激烈的企業花費數百萬美元做廣告，潛在的顧客打電話來卻錯失良機。不願意開啓他們與客戶之間的溝通管道，這種公司就傳遞「客戶並不重要」的訊息。

不幸的是，少有公司試著要解決這個問題，因爲他們認爲這種做法的好處勝過壞處：成本較低，而且能更有系統地處理一般常見事務。有位企業經理人認爲，他們公司的人要和客戶保持私人接觸是件至關重大的事情，這就是頂尖的美國工業產品經銷商法斯特奈（Fastenal）的創始人兼董事長齊爾林（Bob Kierlin）。他親自接聽來電，談話中立即排定約見時間。他沒有請看門人、沒有粗魯的助理或公關人員，然而他的公司年營業額高達兩百億美元，擁有兩千間分店。別人問道做生意有何訣竅，他就會談到一些有的人會覺得「不重要的小事」，例如像是對外聯繫、讓人家能和你面對面溝通。不過呢，不僅身爲老闆的齊爾林懂得溝通，該公司的刊物也提到，他的員工也是如此回答，他們眞的會主動親自回覆來電。

拒絕別人的意見而不引起反感

良好溝通還有另一道障礙，那就是有很多人會害怕要是提出建議而老闆不同意，那麼他在老闆眼中的地位就會被貶低。不願面對被冷冰冰拒絕，他們有什麼好意見也不與人分享。這種情形還可以從另一方面來討論，確實有些主管面對屬下提出不怎麼好的方案也難以駁回，深怕拒絕一個點子就會讓部屬氣餒不再提出意見。

你不能這麼想。你必須鼓勵與你共事或交易的人發表看法提供建言。你必須學會很圓融地拒絕不周全的主意，以至於拒絕不會引起反感。以下幾點可示範如何以正面的態度駁回不可行的建議：

1 **私下爲之**。千萬不要在眾目睽睽之下回絕某人的提議。這麼做會讓他顏面盡失，而且在同儕面前受窘抬不起頭來。先謝謝他能提出意見，然後說你會抽空回覆。即便提案看似並不可行，仍然要研究過。你的看法可能並不正確，而且要記得有了結論就應盡快回覆。

2 **要指出原因，並且傾聽對方的回應**。通常，當你遇到乍看之下顯然有漏洞的提案時，可能會這麼說：「這我們之前試過了，並沒有用。」更好的回應方法是用以下句型：「兩年前我們就曾試過類似的方案，可是遇到一些狀況。」

請注意這兩句話的修辭有什麼差別。第一句的評語：「沒有用」，那就沒得談了。這麼回答不留餘地，會讓對方根本沒法講下去。「遇到一些狀況」保留進一步的空間。對於這句話，最可能的回答應該是：「是遇到什麼問題了？」一旦對方了解是什麼原因導致前一次無法成功，他（她）大概就會說：「這我沒考慮到。這方案我想應該再更仔細思考一番。」你並沒有壓抑之後提出新的點子，反而鼓勵那人繼續設想；也可能他（她）確實已經有了應對的策略：「這些問題我已經有想到了，而且我有辦法解決。」團隊合作的好處就是你欣然接受自己不可能什麼都會，而且其他人可能看到你所沒有發現的事情。

3 **蘇格拉底的詰問法**。不要直截了當排斥任何意見，反而是詰問提案的人。蘇格拉底就是運用這種方法，激發學生把事情想個透徹。他從來不會對哪個學生說：你錯了。如果有個學生想到的答案並不正確，蘇格拉底會再追問下去。藉著提問時謹慎選詞用字，這位偉大的導師鼓勵學生仔細推敲，而在這個思考過程之中得到正確答案。

如今這方法還是被稱爲「蘇格拉底的詰問法」。透過精心詢問，你就能激勵提案的那人重新思考他的想法並重新檢視，得出一個更可行的建議。採用這個方法，你絕對不需駁斥任何意見。不會有人因爲被拒絕而心生不滿，而且用此做法可持續鼓勵員工的構思能力。正如同本章之前所說，提問的另一項好處是可以讓你成爲更好的傾聽者。

不同意卻沒有不愉快

有的人生性十分敏感。他們無法輕易接受外來批評，而且當他們的想法被拒絕時會變得處處防備。假設說，你有一名同事花了好幾天構思某件新的案子拿給你看，以爲他（她）的這項心血結晶不但能夠過關，還會被大大讚揚一番。你發現他提出的計畫雖然有幾處還算不錯，仍有許多地方需要大加改良。

你該怎樣把自己的見解讓對方知道，而不會害得這位敏感的人士氣炸，心生不滿，甚至好幾天都憤恨難消？

首先指出案子的各個優點，好好恭維你的同事一番，而不要一開始就指出其中有哪些地方你並不同意。接下來，關於雙方意見相左的部分，提出具體疑問，別只是提到說你反對。對你所提出的疑問，有三個可能的回答。

其一：「這我可沒考慮過。恐怕我最好再研究仔細點，想出更好的辦法。」這種回答表示你有試著要鼓勵屬下盡其所能，使得整個方案更加可行。

第二種可能的回答是：「我沒想到這部分。那該怎麼辦才好？」這類回應就指出，這位屬下也認爲他提出的構想不佳，然而他（她）把問題丟回來要你解決，而不是試著自己想辦法。很容易會有股衝動，告訴這名屬下應該怎麼做，而且，如果情況危急，你恐怕必須爲了讓工作能夠及時完成而不得不直接指導。然而，最好是可以鼓勵人們自行尋求解決之道。你應該如此回應：「你怎麼不再多研究一下？這週結束前我們再討論看看。」

第三種可能的回答：你的屬下回覆你的質疑，而且你很清楚他（她）說得沒錯，你之前的反對並沒有根據。如此，那就要感謝你的屬下幫你把事情澄清，然後再繼續轉往下一個疑問。

透過提問，而非批評，我們可以讓別人心服口服不會心生怨恨。員工自己駁斥他（她）所提出的不妥意見，而且還受到鼓勵再接再厲想出更好方案。這種做法可以磨練夥伴們的創造性思考並獲得更多新穎的點子，可增進貴單位的效能。

溝通是雙向道

我們傳遞訊息給別人，同時也由對方接收訊息。我們必須學習如何鼓勵別人將其意見、想法分享出來，更重要的是，我們心須學習眞正聽到對方告訴我們的。對話的雙方必須持續互相有所回應，以達成有效率的溝通。傳遞訊息的人必須時刻確保他們所發出的內容，已被接收者了解並且同意。爲達成這個目標，傳送訊息者必須提出問題，察言觀色，而且如果發現有什麼地方出現誤解，加以更正並確定這些更正處已被對方理解。他（她）必須想辦法讓接收者贊同所傳達的內容，如此一來才會誠心願意達成你對他的期許。

若你能夠依循這些良好溝通的基本原則，不僅你的訊息可更爲迅速傳達，而且工作也能更加及時完成。

謹記在心

1 **優良的溝通者早就訓練好他們的潛意識心智**，賦與它們能量與能力能將自己的意見、期望、最深切的顧慮往外投射傳遞給別人，而且這麼一來將會使得他們的努力能夠成功。

2 **好的溝通有一半是要靠對於你的聽衆有充分了解**。選擇聽講者能夠輕易理解的用字遣詞。如聽你講話的人不曉得你用的那些字，所要傳達的訊息就無法如願。

3 **每個人的身體語言各不相同**。與人相處時，無法保證他或她所發出的信號符合你所期待。刻意花點力氣研究人們個別的身體語言，並且銘記在心中。

4 **做一位主動的傾聽者**。不要只是坐著或站著洗耳恭聽，依循以下指導方針：

- 眼睛看著說話者。
- 藉由臉部表情顯示你感興趣。點頭或是手勢，表現出你跟得上對話。
- 針對之前講過的內容提出問題。
- 別插嘴。
- 要有同理心。你得要有辦法進入別人的生命裡，和他一起活過一段時光，做一個好聆聽者或好談話者。

5 好的溝通者讓聽他講話的人樂於親近。他們敞開心胸，展現出寬大、無預設前提而開放的心態。

6 拒絕別人所提意見的時候，不要批評或是責備對方，使用蘇格拉底式的詰問法。提出適當的疑問，他們就會曉得自己是哪裡出錯。

7 對話的雙方必須持續互相有所回應，以達成有效率的溝通。傳遞訊息的人必須時刻確保他們所發出的內容，已被接收者了解並且同意。

第⑮章

應付難搞的人

你的潛意識心智是部錄音機，會一再播放你慣常的想法。為別人設想，實際上就是為自己設想。

人際關係當中，沒有什麼問題無法得到圓滿解決，讓相關各造都從中獲益。如果說，你覺得辦公室的同事很難搞、愛爭辯、脾氣差、大聲嚷嚷，而且不好相處，你是否了解很有可能這是反應出你自己的內在心理狀態？可別忘了，所謂物以類聚。你同事這些乖張、任性、挑剔的態度，難道沒有可能是你內在挫折以及壓抑怒氣的外在反應？這人所說的話或他的任何作為都不會真正傷到你，除非是你讓他擾亂心神。那個人妨礙到你的唯一途徑，就是透過你的想法。

這是因為在你個人的世界當中，一切想法都是你自己生出。對別人的看法如何，就只有你要負起全部責任。責任不在別人，在你。舉例來說，如果你被激怒，就得在自己心中經歷四個心理狀態。你開始去想別人說了些什麼；你決定要生氣並且生出憤怒的情緒；接著你決定付諸行動；或許你反唇相譏，並且以同樣方式報復。一個巴掌拍不響。請你注意，動念、情緒、反應和行動全都是在你心中作用。就是你要負全責。

只要你的意識心智信以爲眞，你的潛意識心智就會不加思索照單全收。要非常小心只接受那些眞實、高尚而神聖的想法。

「每個人都找我麻煩」

亨利（Henry F.）不明白，爲什麼身邊的每一個人都要找他麻煩，他對一位諮商人員提及這個困擾。諮商員告訴亨利，他總是不願順著別人的意思。他並不喜歡自己，多所不滿，他講話的語氣十分緊張、煩躁，他的言語尖酸刻薄，搞得大家頗不愉快，他貶損自己，而且對別人極爲苛刻。

諮商員向他解釋，雖然上述種種不愉快的經驗看似和別人有關，他對於自己的想法以及情緒，將會決定與這些人的互動關係。如果他瞧不起自己，就無法對他人友善尊重，甚至可說是絕無可能，因爲人類心智運作的法則正是如此：人們總是將其思想和情緒投射到同事以及所有周遭的人。

亨利總算了解到，只要他對別人投射出偏見、惡念和輕視的想法，別人對待他的態度也是如此，因爲他的世界只不過反應表現出自己的情緒和心態。

諮商員提出建議，要他將下列想法牢牢寫入潛意識的心智當中。別忘了，你的意識心智就是那枝筆，你想寫什麼都可以用它在潛意識心智之內留下印記。亨利是這麼寫的：

從今以後要遵行「黃金律」，這就表示我對別人的所思、所言、所行，都要如同我想要別人對我的所思、所言、所行那般。我誠摯希望大家都能安詳、富庶，並且有所成就。我要常保泰然自若、寧靜、平和。別人將會珍視我、尊敬我，就如同我珍視自己一般。生命大大榮耀我，因它供我以富足。我不再因生命中的繁瑣小事發脾氣或憂愁煩惱。當恐懼、憂慮、疑惑或他人的批評襲來想要影響我內心，真、善、美、信為我敞開心扉。此時煩惱早已煙消雲散。別人的提議和評論對我不起作用。如今我已知道如何療癒受傷的心靈。唯有我個人的想法獨具力量。

亨利每天早晨、中午和晚上再三確認上述信念，將上述禱詞全部牢記於心。他賦予這些文字生命、情感和意義。將這些想法深植於潛意識心智的底層加以同化，他這個人就脫胎換骨、煥然一新。據他表示，「如今我要學習如何使自己獨具特色、擺脫平庸。我與人相處融洽，工作方面還升職了。現在我總算曉得這句話是千眞萬確：『若我的心中有所提升，就要吸引萬般來歸我。』」

他了解到，困擾都是由自己內心而起。他下定決心改變想法、觀感和反應，任何人都能同樣做到。這需要有決心、毅力，以及自我改造的強烈動機。

以德報怨

世上就是有些人很難搞，這一點都不稀奇。我們在日常生活裡往往會遇到很多人愛爭辯、不願合作、好唱反調、憤世嫉俗，並且過得很不快樂。有些人是心理學上的病態，他們的心智受到扭曲、破敗，也許是之前的人生經驗所造成。另一些人可能是工作或個人困擾的壓力導致。

如果要和上述那種人相處，該怎麼辦才好？直接的反應可能是以嫌惡回應他們的負向能量。可是，這麼一來你就得先接受他們的負面心態，而且一切不良影響都會作用在你身上。與此相反，應該要竭盡所能「以德報怨」。這樣你就像是戴上防護盔甲，不讓他們難搞而令人不快的心態影響到你，而且你所散發出來的同情與諒解，可推動他們邁入轉變的歷程。

歧途小姐（Mrs. Wrong Way）對她公司的主管心生嫉妒，十分怨恨。她一直為這種受傷的感覺苦惱不已。她得了胃潰瘍，血壓也飆高。直到她體悟原諒並且與人為善的屬靈原則，了解自己之前累積了過多憎恨以及不甘心的心態，而且這些負向而讓人討厭的想法，一直消磨她的潛意識心智。她試著和主管敞開心扉對話，努力理清糾結的情緒，可是這位女性督導對她不理不睬。她持續努力導正這個情勢，歧途小姐每天晚上還有早上出門上班之前，又再花十分鐘時間，強化上述的原諒心態、與人爲善的原則，如此持之以恆。她也這麼表示：「我以和諧、愛、和平與善念對待女主管。」

現在可好，一切付出並非空話。她很明白自己所做所爲，也很明白爲什麼要這麼做。這些觀念或想法深入潛意識內，潛意識就只有這麼一個，別人終將感受得到。她說：「我們之間充滿和諧、和平與理解。只要想到女主管，我就會說『願你心中滿溢神的恩典』。」

好幾個星期之後，歧途小姐要到舊金山出差。登機時，她才發現唯一的空位是在女主管旁邊。歧途小姐熱誠向她打招呼，也得到誠摯的回應。她們兩人一起在舊金山度過和諧愉快的時光。現在兩人已成爲朋友，而且工作上的關係也有所改善，都榮獲升職。

無窮智慧爲解決此難題做好了準備，就連她自己也並不曉得。歧途小姐改變自己想法，一切也隨著變得不一樣，包括胃潰瘍和高血壓已完全根治，之前她不過是自己傷害自己。你怎麼想、有什麼感覺，別人都無法負責；你是現在這副模樣，因爲你是個人世界裡唯一的思考者。你對別人有什麼想法，只有你要負全責。

改變心態

楊李（Lee Y.）是夏威夷一間高級餐館的侍應生，在此教教大家他是怎麼應對難纏的賓客。有位舉止異於常人的百萬富豪每年都要從美國本土來此度假。這個客人是眾所周知的非常小氣，不願給侍應生或服務員小費。他的脾氣很差，沒禮貌、粗魯，就是讓別人很不舒服。他對什麼都不滿意，一直在抱怨食物不好、服務不佳。侍應生上菜時還會對人家又吼又叫。

李是這麼說的：「我想他大概是有病的人。我們當地有位原住民巫師跟我講，人如果變成這副德行，多半是體內有什麼不潔之物在作怪。因此，我決定要用仁慈善意打動他。」李對待此人的時候始終保持禮節、善心與敬意，無言地堅定一個信念，「神愛他也關心他。我在他身上看到神恩，而且他在我身上見著神恩。」李實行這個方式過了差不多一個月，總算這位難纏的富豪破天荒第一次主動開口說：「早安，小李。天氣好吧？你是我所遇過最棒的侍應生。」李聽他這麼說大爲震驚。「我幾乎被嚇昏了。」他說道。「我以爲他要對我狂吠，卻得到讚美。臨走時他給我五百美金當小費。」

心裡怎麼想，嘴裡就會透露出來。李的言語和想法，表達給那位性情古怪、難相處客人的潛意識。如此言語和行爲，漸漸融解他心中的堅冰，他也學會用愛與善心回應。

「我的桌友是個懶鬼！」

珊蒂（Sandy L.）是位外包的美術編輯，和另一位外包人員共用一張桌子，可是那人的習慣很差，把桌面弄得一團亂不收拾就離開。她請教人事主管，要怎麼做才能讓桌友變得比較愛整潔。人事主管建議說：「當然是要請他收拾乾淨啦。不過呢，要把它當公事來辦，還要相互體諒，私下跟他講而不是留張字條，即使這麼一來你得要在不用進辦公室的日子還跑來一趟。試著這麼說：『如果你能在離開之前幫我把桌子收一收，那對我眞是非常有幫助。要不然，我怕會不小心把你的文件弄亂了。』」

珊蒂回報說，這種技巧解決問題又不會引發別的困擾，效果實在是太棒了，另一位外包人員爲他們兩人各設了一個分開獨立的置物盒，而且現在每天桌子都收得整整齊齊。原本可能會造成不滿的狀況，卻能用平等共榮的方式圓滿處理，雖然多花一點時間和精神，全都十分値得。

對付消極負向的個性

如果你要管理別人，免不了某些時刻會遇到團隊當中出現消極的態度，每個團隊領導或督導都有這種經驗。他們會讓你日子不好過，要不然就是充滿層出不窮的挑戰。你無法對消極的負面力量視而不見，你必須面對它、處理它。

消極負向的個性不是做主管的才會碰上，幾乎每個組織、每間企業裡各個階層，都會有愛唱反調的人。也許是同事、重要的客戶、政府的主管機關，或是任何其他你必須應付的相關人士。你贊成某件事，他們就要反對。他們總是能夠找到理由，說你想達成的目標根本辦不到。他們會用悲觀主義讓你的團隊分崩離析。

一個人的消極人格，可能是出自你們公司之前的不當對待，所謂不當可能是真的，也可能是那人的感覺。如果是這樣，查清楚是什麼原因。如果那人這麼負面是有其正當理由，試著說服他（她）說過去的都已經過去了，目光放遠要往前看。如果是由於發生誤會，試看看能否澄清。

對付消極負向的人，要了解他們提出的論點，然後勸他們和你一塊合作，克服他們認爲的問題所在，這樣整個案子才能順利進行下去。讓那人成爲解決方案的一部分，而不是視爲需要額外處理的麻煩。

歐帕（Opal）就是那種什麼都能反對的人。她不僅嘴裡說說而已，她還會用行動阻撓。她把任何意見都當成對她個人的侮辱，指派給她任何新任務都百般不情願，所有人都被惹毛了。

像歐帕這種人，往往不曉得他們爲什麼搞得別人心生不快。很可能他們的行爲就是如此，不論是個人生活還是工作上都很消極。他們這類的人和家人處得並不融洽，朋友不多，而且永遠都是站在反對的那一方。如果你的團隊裡有個像是歐帕這樣的人物，和他們來場眞心相對的深談，讓他們曉得，他們的這種態度已經影響到團隊士氣。很奇怪的是，許多負向思考的人根本不曉得他們的行爲造成別人困擾。他們需要學習如何將消極的心態由潛意識當中驅逐出去，方法就是將極積正面的想法植入這些人的潛意識內。

回頭重讀本書第三章，幫助歐帕以及與他類似的其他人實行那些建議做法，將消極的心態改變成爲正面、肯定，而有自信的態度迎向個人事業，更以此面對人生。

員工扶助方案

所謂的「員工扶助方案」EAP，是一種由公司贊助的諮商服務。許多企業都已設置這類方案，協助員工處理會干擾到生產力的個人困擾。諮商員並不是受僱於公司，而是外界的專家，視需要提供專業。有兩個管道啓動EAP。

有時是由員工主動聯繫公司的EAP。公司透過電子郵件、公布欄，或是內部刊物、會議的公告，或者直接寄信到家中，通知有關此方案的訊息。通常還會列出一個專線電話號碼。

舉例來說，葛蒂（Gerty）覺得自己需要尋求協助。她和青春期的女兒一直吵來吵去，弄得精神緊張、好怒而且很沮喪。這干擾到她在上班時無法專注，而且和同事相處的時候時常會大發雷霆。

她利用公司提供的EAP方案，撥打「專線電話」。接聽的是一位篩檢諮商員，他傾聽葛蒂訴說問題，然後轉介給一位家庭諮商師。葛蒂自行約定會談，利用非上班時間進行。不能把EAP當做請假的理由，因爲這整套過程是在保密之下完成，並不會提交報告給公司說葛蒂去找諮商服務。大部分的情況之下，就連接受諮商協助的人叫什麼名字都不會洩露給外人知道。

另一種啓動扶助方案的程序是由其主管主動接洽EAP。比如說，那位主管手下有位頂尖的部屬最近工作表現變得很差，主管時常看到這名屬下坐在座位上發呆。主管問他怎麼了，結果部屬只是聳聳肩不置可否，回答說：「沒事，只是覺得有點累。」談過好幾次之後，部屬終於承認家裡出了點狀況。此時，主管就提議這名屬下和公司的EAP連絡。

即使是由主管轉介而且員工也依照辦理，公司方面並不會收到進度報告。接案以後，整件事都在保密之下進行。若諮商對員工所面臨的問題有所助益，可由他的工作有所進步看得出來。

提供「員工扶助方案」要價不斐，不過使用這套做法多年的公司都表示，錢花得很值得。EAP可以挽救有技術、有經驗的同仁，若沒有這些外部協助他們很可能會離職。

緩和亂發脾氣的人

泰瑞（Terry）是個好員工，可是他有時會大發脾氣，對著同事又吼又叫。他很快又會冷靜下來，然而他的行爲影響到整個團隊的工作，而且要過一陣子才能回復平常的表現。

大發牢騷吼來吼去的環境裡，人們很難做事情。這不但會打斷直接面對的那些人，而且整個工作區域的人都被波及，絕對不能容許這種情況發生。通常是要由主管或團隊的領導者負責處理此類問題，不過有的時候可請一位廣受敬重的同事出面，撫平那人的情緒，而不需採取正式的處置。

面對大發脾氣的人，不妨試試以下幾招：

1 等那人心情平復，主管（如果有需要的話就由前輩出面）或人事部門的代表，必須和他（她）深入而誠懇地討論此事。你必須指出，大家都能理解要時時刻刻控制好自己的情緒並不是那麼容易，可是在工作場合不能出現這種亂發脾氣的情形。

2 如果同樣情況又再次發生，就得請那人離開，直到他能冷靜下來才行。明白告訴這人，再犯一次將會受到處分。

3 要是被抨擊的人哭了起來或是也勃然大怒，那就先到外頭避一避！等十分鐘，再看看狀況如何。向那人保證說這麼做並不是對他本人不滿，只不過是一種導正目前狀況的方式。請注意：這類會談不適合在單間的個人辦公室內進行，把一個心情欠佳的人單獨留在辦公室裡並不恰當。之前就曾經出現過好幾個例子，心情不好的員工在盛怒之下把辦公室弄得亂七八糟，當然，動手動腳的人就不適用上述前提，必須採取行動予以處分。

4 當然，最後的手段是解職。經常亂發脾氣的人，不應留他下來。採取這最後一步的時候，主管應依公司規定辦理，而且如果可以的話也應符合與工會簽定的團體協定。

愛玩「抓到你了吧」

有一種人最喜歡看著別人犯錯，以此爲樂，你是不是曾經遇過這種同事呢？愛搞這套把戲的人，是想藉此表示他比別人優秀，因爲他們往往沒什麼創見或是建設性的想法，就要靠捉到別人犯錯來肯定自己，不管是同事還是老闆犯錯都逃不過。他們是要羞辱別人，讓別人心生不快。如果你是被質疑的對象，千萬別落入他玩的那一套邏輯裡讓他從中得到滿足。可以說個笑話解圍（「眞失禮啊！」），或者是笑著說：「謝謝你提醒我，要不然就眞的麻煩大了。」要是那些「抓耙仔」發現你一點也不會被他們搞的那一套把戲激怒，就會轉往別處找樂子。

和不快樂的人共事

你所處的團體之中，很有可能至少有個不快樂的人。我們每個人都曾有過家裡出問題或工作不順的經驗，而且會影響到我們工作時的態度以及和其他職員的互動情形。管理者應留意可能有這類狀況發生，而且應該找時間和這人聊聊。讓人有機會將心中困擾述說出來，往往有助於消弭緊張的局勢。即使問題本身並未能因而化解，如此做法可消除彼此誤會，並且讓同事正常工作。

然而，有些人就是會看什麼都不順眼。他們常常會對工作分配不滿意，即使你順從他們的要求、顧及他們的抱怨，還是無法滿足。他們表現得消極而負向，藉以展示心中不快。舉例來說，如有某人要求更改排班表卻不能如願，那人可能會變得很生氣，而且明裡暗處都在態度上表現出來。

你沒辦法討好每一個人。要讓自認爲遭受不公平對待的人心情好轉，得要用技巧還需耐心。管理者可確實在下決定的同時，解說此一決定背後的考量爲何，藉以避免某些不公平的情形。上述排班休假的例子，你可以解釋說公司早在好幾個月之前就已經排定班表，而且在同一個時間已經有其他兩位員工排休。接著要表明你的團隊當中沒法同時有一個以上的人請假不在。你甚至可以建議那位不高興的人，或許可以試著找到有誰願意和他互換假期。

和不快樂的同事相處，要比處理屬下的情緒更爲麻煩；因爲你不具有實際權力，扭轉改變那些可能導致不快的情勢。有一個方法可以緩和此一困擾，那就是做一位體貼而富同理心的傾聽者，協助那人接受事實。好好仔細談一談最有用，如果找他談的是好朋友或是具同理心的同事，更是有效。

伊娃（Eva S.）就是這種人。她就好像是工作團隊裡的媽媽。不論工作上發生的狀況還是個人私事，同事們遇到什麼困擾都會去找她。她是位很好的傾聽者，雖然她不是每次都能解決問題，卻爲這些人開啓一個管道，抒發心中的憂慮，而且往往能夠協助他們更仔細思索自己面臨的問題。

有些人藉由冥想或是禱告尋求指引。尼布爾（Dr. Reinhold Niebuhr）的寧靜祈禱文曾協助成千上萬的人士：「願主賜我平和寧靜，接受我無法改變的；賜我勇氣，改變我有能力改變的；並賜我智慧，辨別何者可改變何者不可改變。」

不快樂，就和消極負向的個性一樣，都是導因於缺乏自尊。不論是你的屬下還是你的同事，藉由協助人們培養出更高的自尊，可以眞正對他們有所助益。本書第二章，談到許多如何增進自尊的大方針。

身爲管理者，你可以把焦點放在成功而不要強調失敗。大部分的人並不會討厭自己，不過可能會遇到暫時性的自尊低落，需要有人撐住。要是不處理這些消沉之處，就可能發生更爲嚴重的後果。大多數的人並不需要專業照料，他們可以自己尋求解決之道。

喪失自尊源自失敗。工作上、生活中，每個人都有失敗和成功的經驗。

若你只注意到失敗，自尊就會低落。反之，專注在之前已獲成功的實例。以下提出幾個建議：

1 留一份成功記錄（參見第十三章）。要那位不快樂的員工在成功記錄中寫下他（她）個人最爲自豪的成就，也就是這位員工的強項。這些事情就證明了此名不快樂的員工過去也曾經成功過，而且可用來擔保他（她）還能再次成功。

2 對於自尊低的員工，任何成就都要給予正面強化，並且稱讚他們在工作上的進步。同樣重要的是當他們想出好點子，或是對團隊討論或活動有具體貢獻的時候，也要正面加以肯定。自尊低落的人需要你持續提醒他們，說主管尊重他們而且對他們有信心。

3 指派他們肯定能夠勝任的工作，而且要提供額外的訓練、教導與協助，以確保他們會成功。成功的滋味是建立自尊的不敗之道。

4 建議他們可以參加爲建立自信而設計的課程，或是自信心訓練計畫。供給他們激勵性的錄音帶或是書籍。

上述提議能夠強化員工在其潛意識裡關於自己的正向思考，並且能奇蹟似地克服失敗主義心態。

謹記在心

1 **只要你把偏見、惡念以及對他們的蔑視投射出去，就會原原本本得到別人這麼回應，**因為你的世界不過只是反應出你自己的心情和態度。

2 **習慣性愛抱怨的人可能只是想引起你注意。**讓這些人有機會定期表達其觀點，可免除一些抱怨。

3 **要有同理心。**如果你是主管，讓部屬曉得你很樂意傾聽他們內心的任何憂慮。如果你並不是處於主管的立場，還是可以對同事伸出援手：敞開心胸耐心聆聽他們是在煩惱什麼。

4 要是某人真的遇上嚴重困擾，超乎你能夠提供協助的範圍，將這人轉介給有辦法幫他的人。公司的員工扶助方案是這類協助的來源之一。

5 和難搞的人相處，直接的反應可能是以嫌惡的態度回應他們的負向能量。可是，這麼一來你就得先接受他們的負面心態，而且一切不良影響都會作用在你身上。

6 對付消極負向的人，要了解他們提出的論點，然後勸他們和你一塊合作，克服他們認為的問題所在，這樣整個案子才能順利進行下去。讓那人成為解決方案的一部分，而不是視為需要額外處理的麻煩。

第16章

管理時間

別再說些空話當藉口，例如像是「時間不夠用了」，或者「要做的事情太多了」，諸如此類的。這一類的托詞只會讓你的損失加倍、擴大。

假設，有個人跑來找你說：「接下來我會每天給你八萬六千四百元，不過你只能在那一天之中把它花光。」每一天你拿到的不多不少就是這個數目。你沒辦法保留也不能存下來。這個禮物多棒啊！神給我們每個人一份與此類似的禮物：每活一天就有八萬六千四百秒。每一天我們都會把這麼多秒數用完。留不下來，儲存不了。或許可以把這些秒數虛擲於無謂的消遣，甚至什麼也不做就讓時間流逝。或者，我們可以運用時間鍛練心智、工作或是休閒，或是找朋友、陪伴家人，或是幫助其他人。好好利用這份禮物，這是神所賜予的大禮。

控制時間

很多人不曉得，我們有能力控制時間的運用。我們就像是一輩子都住在偏僻鄉下的可憐老太婆。有天，她搬到一個稍微進步些的小村莊，她十分驚奇地發現到這間新家是用電力點亮燈泡。她對電一無所知，之前也沒見過電燈，而屋內所裝的小小八燭光電燈泡對她來說已是極爲不可異議。

後來，某天有個人來訪，推銷一種新的燈泡，就請老太婆讓他把原有的小燈泡用新的六十燭光燈泡換上，讓她看看會變得如何。老太婆同意了，而且一通電亮燈，她瞬時驚呆站著不動。在她眼中這和魔術無異，如此小小燈泡居然可以發出這般光亮，幾乎就像陽光一樣。她從沒想過，這種嶄新而源源不絕的光明源頭一直就存在；老太婆做夢也想不到，大幅增亮的光是來自同樣電源，和之前點亮她那小小八燭光燈泡所用的電流是一樣的。

我們會爲這位可憐的老太婆如此無知感到好笑，然而絕大數的人都不知道我們自己所擁有的力量，無知程度正如老太婆不知電流的能力有多麼強大。我們只用小小的八燭光燈泡度過一生，以爲已經充分利用得到的電能，自以爲已經充分利用遇到、可壓榨出、命中注定應該得到的一切能量，以爲我們的極限就是這種八燭光小燈泡。我們沒想過有一道無盡能量，我們終身都浸淫在這股潮流之中，它可以放光明照亮我們的生命，光耀無法逼視又極其美好，我們只需要換上更大的燈泡，與那股無限量供應的能量泉源更緊密連結在一起。我們目前所使用的電源線太小了，巨大能源只有一小部分可以流過，只得到少許的亮度，外頭卻有千百萬倍的能量流過。這股無盡源流用之不竭，正等著我們取用，供我們表現。

時間就像電流一樣。許多人只用八燭光的燈泡就已經很滿足，其實我們內在具有潛力可更有效地運用時間。就像是換成比較亮的燈光可帶來更耀眼光芒，改變我們的時間管理，可讓我們的生命成就更大、完成更多。

設定有時間限制的目標

優良時間管理的第一步就是要設立目標，在規定時限之內想要完成的事情。很可惜，許多人是行動導向而不是目標導向。他們只會以目前馬上要採取的行爲來思考，而不是用想要追求的結果爲考量。有時限的目標，就著重於必須達成的事項，與其對應工作日程安排之間要有所關連。

一旦這些目標清楚標明，安排時間使得更重要的事情、能協助你達成上述目標的工作得以優先處理。如果同時面對好多待辦事項，除非情況緊急需要立即採取行動，最後能夠讓你實現目標的那些活動應優先處理。

設定優先順位並且堅持不移

查爾斯・史萬博（Charles Schwab）被卡內基（Andrew Carnegie）指定掌管卡內基鋼鐵，並被選爲伯利恆鋼鐵（Bethlehem Steel Company）的董事長，很樂於分享一個故事，說明他是如何學會管理時間。

他去找艾威・李（Ivy Lee）尋求諮詢，後者是位管理顧問的先驅。他服務過的著名人士包括摩根（J. P. Morgan）、洛克菲勒（Rockefeller）、杜邦（DuPonts），還有許多知名大企業。史萬博告訴他：「我的管理並不像我自以爲的那麼好。我們現在需要的不是更了解應該如何如何，而是要更落實在做法。如果你能提供一些建議，有助於實踐我們早知道應該做的事情，那我會很樂意聽聽你的高見，而且開價多少我都願意出。」

「那好。」李先生這麼回答，「我現在就可以教你一招，可讓貴公司的行動和實作至少增加百分之五十。」李先生請史萬博把隔天必須做的最重要六件事列出來，然後將它們按重要性標上編號。接著他說：「明天進辦公室的時候，就看看第一件事是什麼，立刻著手進行，完成之前別做其他事。接下來的二號也是一樣，然後是三號，依此順序一直到你下班爲止。如果你只能完成兩三件事，甚至只能完成一件工作，也不要太憂慮，其他的事情可以等等再做。每個工作天的最後五分鐘，同樣爲隔天列出一張清單。只把你還沒做完的事情列出來，然後加入遇到的新項目，再次按照優先順位排好。你可能會發現，有些新項目要比前一天清單當中尚未完成的事情更重要，而這些前一天留下的事項就依順位往後推移。如果上述狀況一再重演，那就表示這幾項事情根本沒有重要到需要你去處理。這些事情要嘛就該放下別做了，要嘛就應委交給其他人去辦。

「如果過了幾天之後，你發現不能用這個方式把所有列出的優先事項辦完，那你換成別的方式也辦不好，而且如果缺乏某種系統，你大概就連哪件事比較重要都無法決定。等你認爲自己已經認同這個系統的價值，就讓所有員工也採用同一個系統。你回去試試看，想用多久就用多久，到時候再看看你覺得它值多少錢，寄張支票給我當報酬。」

這次會談全程不超過二十五分鐘。兩週後，史萬博寄給李先生一張二萬五千美元的支票：等於是一分鐘值一千美元。史萬博經常告訴人說，這是他學過最有用的一堂課。有沒有效呢？五年內，史萬博把伯利恆鋼鐵這間新的公司，變成世上最大的獨立鋼鐵製造商，爲史萬博賺進超過上億美元的財富。

列出一張總清單，照著執行

遵循艾威・李的建議：設立優先順序並且確實照此執行。這正是有效管理時間的關鍵因素。運用清單，一開始先列出一張總清單，把你想要做的事情全都寫下來，按照你想到的順序排列，不考慮其重要性。不要用散裝的紙張，準備一本記事本，這樣就可以把每一件想要完成的事情記載下來。

每天重新檢討這張總清單。將大型專案分割成可以管理的幾個部分。決定各項的優先順位。哪件事應該今天完成；哪些可以往後延遲；哪些可以授權別人交辦處理。漸漸形成一張每日清單，記載你當天計畫要做的事項，還有若干暫時清單列舉本週其餘日子的應辦事項。將延期至以後再做的項目記在行事曆上。

依照爲了達成目標的重要程度爲標準，評估每日清單。安排時間以便實行清單上的項目，依其對你所設定目標的價値爲標準，同時將事件的緊迫性以及其花費納入考量。

認眞照著這個程序執行，你就能調整自己的潛意識心智，以時間爲導向，處理你的每日工作。

了解你的能量水準

每個人的能量水準在一天之中會有所起伏，弄清楚你在什麼時辰的能量最飽滿。有些人在早晨工作效率比較好；另一些人則是稍晚較佳。有的人剛吃完飯比較有勁；還有的人在用餐之後一小時內都昏昏欲睡。把困難而複雜的任務安排在能量較高的時辰處理。

記時間日誌

你曉不曉得自己是如何運用時間？時間究竟用到哪去了，大多數人只有模模糊糊的概念。我曾經以此問過無數人，有些人並沒有考慮太多這方面的問題，卻擁有不可思議的本事能夠有效運用時間。另一方面，有些人會寫時間日誌，將他們使用工時的方法記錄下來。

你可能要提出質疑，一個大忙人怎麼有空另花時間記時間日誌。是沒錯，這很麻煩，而且有的時候你專注進行一件工作，不可能也不適合停下來在日誌上記一筆。實際上，在這種情況下，你必須盡一切努力密切注意案子的進展，不過如果日誌當中有一小段漏掉，之後只要有機會就趕緊寫下來。

記時間日誌這件事並不需要一直做。或許每週至少紀錄三、四天，持續約兩到三週，就能很清楚全面了解你是如何運用時間。接下來你就可以分析這些表單，分析出究竟大部分時間都花到哪去了。

一旦你認知到自己把時間浪費在什麼地方，就可以採取行動加以導正。有些很容易修正，另一些就比較麻煩。

偷去時間的惱人事務

你已經把整天的工作全都計畫好了，你早就把工作都按時間安排妥當。一天下來，原本安排好要完成的只有一小部分辦妥。這是怎麼一回事？

很可能原本是想按照總清單上所列舉的順序一一處理，可是才剛著手進行就不斷有瑣事接踵而來，將時間偷偷用盡，這種時間之賊並不罕見。檢查看看你所記下的時間日誌，就會發現最常糾纏著你、偷去時間的是什麼事情，也就能想出辦法減低它們的作用。

部屬的干擾

最常出現的干擾大概會是來自你的屬下，他們遇到狀況並且認爲需要馬上讓你知道。很可能有某些人來打擾你的次數要比其他人多得多。這些人不管什麼小事都會來找你，而不是試著自己找出解決之道。有一個方法可以認出這種人，那就是把部屬來找你的事情全都留下記錄。寫下是誰，是哪一類型的問題，還有處理這件事花費多少時間。定期檢視這張記錄，你就能看出是誰占用你的時間，還有他們是爲了什麼事情來找你。

有的時候屬下帶來的問題十分要緊，的確需要你提出意見、建議或指令，工作才能繼續做。可是往往他們會把應該靠自己應付處理的事情拿來找你。

傑克・威爾許（Jack Welch）是奇異公司的執行長，他就說屬下會拿此問題來找他，可是他卻認為這些是部屬應該自行解決才對。他的回應是如此反問：「你認為應該怎麼做比較好？」藉著將問題又再拋回給屬下，他強迫部屬再多思考一番。過一陣子以後，屬下除非遇到非得由他做出決定不可的事情，不再來找他問事情了。照著威爾許的方式辦理。告訴你屬下，如果有問題要來找你，也應至少準備一個解決方案。這麼一來，他們就得更仔細思考這個問題，而且往往還不需要麻煩你就已經把問題解決了。如果他們必須找你談談，所占用的時間也會短得多。

某間列名《財星雜誌》年度五百大企業的執行長曾經跟我說，員工一直帶著問題前來，他不斷被干擾實在苦不堪言，便發了份布告，告訴大家除非遇到的狀況若不立即處理就會造成不可挽救的傷害，應該先把他們要來問的問題擱著，等到下午五點之後再說。每天五點一到，他就會把辦公室房門打開，靜候處理這類問題。要不了多久，他的手下就開始嘗試靠自己的力量解決手頭問題，而不是等到快下班的時候去問主管。

電話

你正埋首案前，全神貫注處理眼前的工作，此時電話鈴響了。結果是同事來電請教一些生意上的問題。可是這位同事有沒有直截了當切入正題？並不盡然。開始談到生意上的主題之前，他或她大概會先聊聊今天天氣如何、週末做了什麼事、放假要去哪玩。如果來電的人只專注談論手頭的案子，大部分業務來電所耗費的時間都可大幅縮短。然而，完全不聊聊兩句也會有不好的效果。若干社交性的對話可讓人與人之間的互動交往更加順利，也有助於養成更和諧的工作環境，得到更多的協同運行與團體合作。

電話交談當中的社交層面應保持在最低限度。如果電話另一端那人滔滔不絕講些不相干的話題，很有禮貌地這麼說：「我眞的很想聽你講更多關於那場宴會的事，可是我還有一大堆文件需要立即處理。」然後把話題轉到公事上。

通電話要長話短說。拿起話筒之前，先想好通話內容。列出一張清單把你要談到的重點寫下，討論過再勾掉。忙碌的企業主管通常會在對話一開頭就先聲明：再過五分鐘就得出去開會，拜託請另一方長話短說。如果合適的話，寄送電子郵件而不要用電話。

訪客

如果你工作的環境是忙碌的辦公室，很可能會有其他員工跑來找你講話。大多數的情況下都是些公事，不過常常只是來打個招呼。這類禮貌性的拜訪很貼心，因爲它們可打破工作日的單調乏味，偶爾還能有助於和其他員工建立起更親密的人際關係，但是串門子實在是十分浪費時間。

試著讓禮貌性的拜訪越簡單越好。如果有位同事來找你只是閒談聊聊天，委婉地盡快結束這次談話。

如果有人未經事先安排就前來，例如說，來了一位推銷業務員，在大廳接待而不要將他請進你的辦公室。除非你眞的對他所提供的產品或服務感興趣，別邀他（她）進到你的辦公室。大廳的會面可以在幾分鐘內就搞定，一旦進入辦公室，就得花更長時間才能擺脫一位銷售業務員。另一個建議，和來你辦公室的訪客站著講話，只有想要留他們下來的時候，才請訪客坐下。

把干擾盡量減少的另一個方法，就是每天早晨排定一小時爲「個人時間」。在門上掛著「非請勿擾」的牌子，設定語音信箱回覆來電，讓員工曉得這一小時是屬於你個人專屬，除非遇上眞正緊急的狀況，不准別人來打擾。確認你的上司知道這個安排也同意你如此辦理，這樣他（她）才不會跑來打擾你的個人時間。這一個小時內可完成多少事情，你一定會大吃一驚。

爲自己保留一些時間

除了上班工作，我們全都有自己的私人生活。我們要有時間留給家庭、休閒、活動，還要留給自己。別讓工作占據你全部的生命。

加州聖塔蒙尼卡的傑夫・凡士坦（Jeff Weinstein）創了一間名叫「亢特」（Counter）的成功速食連鎖店，讓客人自己決定漢堡要用什麼配料。隨著連鎖分店越開越多間，他從早到晚工作全年無休，根本沒有時間留給自己或是家人。他試過設立時刻表，事先規畫時間運用，不要把工作帶回家。上述方法他全都試過，全都不管用，到最後他總算想通了。他想到，如果漢堡都能隨客人要求製作，當然也可以依狀況訂製他自己的時間。

據他說，訣竅是要能流動自如，由某個生活領域無縫地轉換至另一領域。他的時間表是這麼安排的：每天一早先做些自己的事情。上班之前他會去健身房，這樣會稍晚進辦公室，可是心情比較好，對同事比較親切，也就讓他們能夠更有生產力。他可以完成更多工作，而且有更多時間和家人相處。

還有個辦法可爲自己爭取多些時間，那就是把原本不願放手給別人的事務授權出去。分析你的工作負擔，你會發現往往你是把屬下完全可以勝任的工作拿來自己幹。就算說你可能眞的是樂在其中，如果能交代給別人去做卻是更有效率。回顧第十一章，看看如何有效地把工作授權給屬下。

別怕說不

最常聽到的抱怨就是人們會覺得自己負擔的工作量過多。「我現在已經滿載了，老闆還交給我另一件案子。我該怎麼辦？」你並不需要接受每一個指派的任務。往往做老闆的也不十分清楚你正在進行的全部工作有哪些。大聲說出來，別憂心喪志或是發脾氣。用很平靜的方式，只需解釋說你手頭正在處理的是什麼事情，然後請老闆幫你排定各個分配任務的優先順位。老闆可能會建議比較不重要的事情先暫時停一停，或者可能決定把新分配的任務交給別人去辦。

並不是只有老闆會要求你很忙的時候還得再做別的，可能會有同事請求你提供協助，你所屬的社區組織可能會請你加入某個委員會。接受或拒絕這類要求的時候，仔細考慮清楚要花費多少時間。若你眞的是要務纏身忙不過來，很有禮貌地予以婉拒。

要有耐心

管理時間並不是說要急急忙忙把事情做完，許多眞正值得一提的成就是長期而耐心投入才得到的成果。太多的人缺乏耐心，不是每一件事都能馬上辦妥。「等不及了」是本世紀的通病，不管是什麼東西都這麼對外宣稱，不論是商場、學校、社會或教會裡，全都不例外。

謹記在心

1 列出一張按優先順序排列的總清單，嚴格遵照執行。

2 **每天安排一個小時的個人專屬時間**，不受打擾或被迫分心。用這段時間檢視你的時間表並加以調整，以符合現今的優先順位。

3 **每日計畫要依個人狀況設計**，更有精力的時段用來處理困難項目，負荷較不重的事情則使用非巔峰時刻。

4 **往下分權**。藉著把比較沒那麼要緊的事務授權給別人處理，你就能讓自己有時間應付更高層次的議題。

5 **學會如何拒絕別人**。了解自己的時間是有限的，並且學會如何很有技巧地說不，將能有助於你達成目標。

第17章

推銷自己的想法

想要增加銷售成績，請反覆唸誦以下這句話：

「我的業績每天持續成長：我不停向前、進步，而且一天比一天富足。」

不論是工作上還是生活中的其他層面，往往需要說服別人接受你的想法。爲成功達成上述目標，就必須以銷售員的心態思考。學習成功銷售員所使用的技巧並實際應用，你就可以改善自己在這方面的能力，充分達成目標。

所謂科學式推銷的諸多元素當中，當數說服力最爲重要。銷售員經常會遇到一種狀況，覺得潛在客戶的想法與他們背道而馳。客戶並不想要商品，或是說至少他們以爲自己並不想要，而且心意已決，不會花錢購買。他們自我封閉起來根本不願聽人遊說，排斥任何會受影響的可能機會，以免做出原本決定不會做的事情。

然而，過一陣子之後，他們興高采烈掏出錢來買下那件物品，而且十分確信自己是眞的需要這東西。他們的態度完全改觀，這就是說服、爭取的本事，全都是依照一整串緊密相扣的步驟而成，每一步都要按順序爲之、避免失敗。

你可以學習成爲有說服力的人

就如同有的人天生就具有音樂或藝術天賦，也有的人天生就比較能夠說服別人接受他們的想法。

雖說某些人在這方面擁有比較多的天生能力，大部分的人都可以藉由訓練，而習得成功說服所需的各種技能。此外，即使素人可能具有某方面的天生才能，譬如像是運動、演說、商場勸說之類的稟賦，人們可經訓練而與未經訓練的天才齊鼓相當。

可別把案子沒談成或是經營決策失誤歸咎於「運氣不好」。這往往是由於輕忽了銷售或經營管理也是門嚴謹的學問。做生意就像一門科學，只要願意全心投入，幾乎任何一位誠懇、苦幹實幹、下定決心的人都能成爲這方面的專家。

且讓我們看看銷售這件工作，它正是依靠說服力爲主要元素。就算是你並非販售實際物品或服務，而是要將自己的意見推銷給其他人接受，都應該把自己設想成爲一位銷售人員。

爲了找出是否具備說服他人的能力，必須分析自已具備多少天分。不過，關於這方面的情況，別忘了人性有其調整彈性，尤其是在年紀比較輕的時候，可受外在影響而形塑，而且可以主動自我修鍊。

即使你不具有銷售的特殊才能，也可以經由學習得來。經過適當的銷售訓練，也就是透過正確閱讀、觀察、傾聽以及練習，你也能培養出自己的能力，成為優秀銷售人員。

引起對方注意

為了要說服別人購買你的商品、服務，或是接受你的意見，首先你必須吸引他們全神貫注；要不然，就連你所說的話都無法被聽見。這往往是個相當困難的任務：你所要引起注意的這群人呢，至少對你接下來要講的內容毫不感興趣，最嚴重的話，還有可能會拒你於千里之外。然而，在你能夠說服任何人依你所言採取行動之前，獲得對方注意這個步驟卻是絕對必要。

如果面對的是工作夥伴，可以提到一些原本就知道他（她）應該會感到興趣的話題，並不需要講得太過詳細，或是極其誇張的情節才會引起那人注意，針對目前的情勢直接提問或是表示意見，就是個很好的開始。

舉例來說，如果你想說服某位同事加入為評估新設備所設立的工作小組，談到目前所用器材時經常故障，應該就足以引起他的注意。

有時，你必須採取比較戲劇化的步驟，才能讓原本不願聽你發表意見的人產生興趣。上世紀一九九〇年代初，美國的大陸航空（Continental Airlines）是前十大航空公司之中顧客風評最差的一間。官僚化的行事風格把一切都規定得死死的，不論是登機證上寫字所用的鉛筆顏色，還是表格應該怎麼折疊，全都有詳細規定。員工認爲遵守規範手冊所詳加描述的種種規定，要比做出有創意的決定更爲重要。時間緊迫，不容遲疑；爲了要讓全公司上下很快知道從今以後要把規範手冊拋諸腦後，執行長貝森（Gordon Bethune）帶了一隊員工到停車場，他將規範手冊一把丟入大鐵桶裡，倒入汽油，然後點燃。消息像野火般迅速傳開，自此大陸航空絕地重生，員工士氣重登顚峰。

並不一定要做得這麼戲劇化才會吸引別人的注意力。有時，提出一個關鍵問題就夠了。此時你的用字遣詞很重要，有意無意讓對方覺得你可能已想出某個難題的解決之道，一定可以引起對方的興趣。達琳（Darlene D.）想要說服老闆在部門中實施彈性工時，於是就跑去找老闆這麼問他：「戴夫（Dave），我曉得你實在很憂心最近的產能比較差。原因之一是由於很難請到優秀的辦事員。如果有個辦法能夠吸引更多有經驗的員工加入，你一定很想聽看看對不對？」戴夫面臨這種問句，只能說「是啊」。這麼一來，她就成功引起老闆注意，並能進一步論述，爭取仔細考量她的意見。

得到別人注意的另一個方法就是要發揮創意。旅行用品商TravelSmith的女裝部主管納塔莉・卡森（Natalie Carson）引起老闆注意的方法是在向他報告時這麼說：「隨便找個女的來問，看看她覺得每位女性衣櫃裡一定要有的基本款單品是什麼。最可能的答案就是『黑色小禮服』。」TravelSmith的共同執行長史卡萊（Scott Sklar）並不認爲公司應該要出洋裝。不過卡森女士另有見地。遇到放連續長假時，她都會去巴黎和在當地工作的先生一起度假，她很清楚自己的看法是對的。因此，她就開始尋找完美的黑色針織防皺禮服，可以讓她在出席晚宴的時髦女性之間泰然自若。市場上找不著，她就設計開發自己專屬的完美旅途用黑色小禮服，並證明這件小禮服能圓滿解決困擾。史卡萊聽她講完，而且還被說服了。結果呢，這件防皺黑色小禮服上市之後就一直是銷售排行榜的常勝軍。這次成功也讓卡森榮升銷售部門的副總。

激起欲望

一旦你贏得對方注意，下一步驟是要讓那人對你的提案十分感興趣。你必須激起對方的欲望，信服你提出的意見。如果達成這點，幾乎可以確定你的想法將會被對方接受。爲此你得要訴諸情感，打動對方的心而不是打動他的腦袋。

談論你自己想要什麼，無法激起別人的欲望。首先，你必需探查出對方眞正想要的是什麼。那人覺得什麼是重要的？什麼事可以激起他（她）的欲望？爲了摸透對方的心意，必須細心傾聽他如何回答你所提出的問題。仔細聽清楚，準備好從中聽出精妙細微之處，可讓你查知那人眞正的喜好。接著調整你的回話以順應那人的欲望，此時你就能逐步說動此人。

不久前，我恰好和一些朋友談到有位快速竄起的年輕銷售員，每位認識他的人知道這件事都十分訝異。有個朋友告訴我說，其中的祕訣在於這位年輕人擁有不得了的魅力，能夠說服別人改變心意，讓可能的客戶從他的立場看事情。他說，之前從沒見過別人能如此成功改變他人心思符合那年輕人的想法。他接著補充說：「而且，這項特質正是成功銷售的基礎，你甚至可以說它就是推銷的基本元素之一：有能力讓別人的想法和你一致。」

他是如何辦到的？他鑽研潛在客戶的內心，找出對方心裡眞正的渴望。有什麼東西，說不定眞的可以影響這位潛在客戶的思想？透過仔細聆聽，觀察面部表情以及肢體語言，就能從中挑出最關鍵的因素。這位朋友表示：「重點往往是情感因素，而不是出於實際的理由。」

最優秀最成功的老師不一定是學問最好的那位，而是能夠抓住學生的人，具備親切、個人興趣、同情心等特質，這些人格要素與學術無關，卻可以造就最棒的老師。同樣這些人格特質，也讓我們擁有能夠成爲具說服力人士的基本元素。

雖然教育和智識是成功所必備，聰明與否卻不如溫暖人心的特質更能讓一個人廣受歡迎，邁向成功。

心誠意正

有些人具備某種催眠術一般的本領，說服別人的時候可以派上用場，並且在一開始就能予取予求，然而這種做法並沒有遵循誠信原則，長此以往會嚴重傷害雙方的交易。舉個例子來說，某位獨具魅力、迷人的業務代表，往往要比其他業務代表爲公司帶來更多訂單，然而到頭來卻會流失客戶還傷害公司信譽。寧可請到的業務員一開始業績並沒有那麼多，但是能結交到更多朋友還能留下客戶，因爲他（她）會關心客戶的利益，而且只會銷售對客戶有利的產品。了解客戶需求，又贏得客戶信任與善意，這位業務代表就建立起可以長期獲利的關係。能夠讓別人如你所願是種強大的力量，也得背負起極大責任。若非誠心和善地加以運用，終將自食惡果，而且不當使用這種能力的人受傷最重。這人很快就會被大家歸類是「促銷有術」，避之唯恐不及。

如今，大多數人想要的是明明白白、直截了當、實話實說。然而，具有說服力的人可將這些冷冰冰的事實呈現給潛在客戶，讓他們覺得說話的人是位朋友，完全爲這名潛在客戶著想。沒人會喜歡被「設計」，而且不論對方是多麼愛被巴結奉承，一旦你想要阿諛諂媚，人家就會質疑你的動機不單純。

不過，圓融而誠心的讚美，可大大助你實現心願。別忘了，與你面對面的人永遠都在防備你有什麼欺瞞行爲，任何不眞誠的徵兆都瞞不過他們的眼光，沒人想被愚弄或是被哄騙上當。最重要的一點就是，要記得不管從事的是哪一行，誠懇正直的心無可取代。

爲他人利益著想

人生在世，什麼都比不上爲人坦盪、直率、誠實並且心懷善意。不管是什麼職業，唯有行爲謹守黃金律才會帶來眞正的成功。

當你心生疑惑，不曉得你的行爲是否會對別人有何影響，只需問自己一個簡單的問題：「我會希望別人如此對我嗎？」

納唐・史特勞斯（Nathan Straus）是梅西百貨公司一開始的合夥人，有人問他事業如此成功最主要是靠著什麼，結果這位著名的慈善家是這麼回答：「我總會爲交易對方設想。」他說如果契約對己方不利，就算損失極大也可以自己撐下來，但是如果和他做生意的人蒙受損失，他可承擔不起。永遠都爲交易對方著想，顧及對方的利益及觀點，史特勞斯就把重點放在顧客自認爲最佳利益之處。

知己知彼

要想成爲具說服力的人，有個很重要的步驟就是要熟知深入人心的力量，研究識人術。把研究人、研究人類行爲動機，當作是你的工作。

看清人性這項專門技術，是說服別人的有用工具，就像雄辯之於律師，或是像診病技巧之於醫師。能夠看清人性，可以迅速「評斷」別人；若有本事準確預估對方個性，不論是從事哪種職業，都比別人更占優勢。

深入看出他人本性的能力是一種可以培養訓練而得的特質，如果我們和各形各色的人士相處應對，就有很多機會鑽研這個課題。養成習慣去衡量、評斷、預估我們所遇到的不同對象，便是一種修鍊過程，因爲在這過程當中我們會改善觀察力，琢磨感官，改進判斷。

無數成功者將他們事業如此順利進展歸功於了解他人心中所想、了解他人的動機。如此能力有助於讓他們更有效率地與上司、屬下、同事、顧客以及大眾溝通相處。

有多少人就有多少意見，面對來自各方的不同人士，你必須找出阻力最小的那條道路。了解對方的個人興趣是在哪一方面。若某人極愛好音樂，或瘋高爾夫，或是藝術鑑賞家，就可能提供你一些線索，知道怎樣才是正確的應對之道。

頂尖銷售員時常會小心翼翼探尋出潛在客戶的個人興趣、嗜好以及特別在乎的事情，例如像是潛在客戶喜愛的球隊，他們家小孩的年齡，還有許多這一類的細節，然後把這些蒐集來的情報整合進銷售簡報裡頭。如果你想與公司裡那些掌大權的人培養良好互動關係，與他們相處時運用這種方法一樣有效。

評斷別人的時候，不可優柔寡斷，也不要倉促做決定。暫時保留你的決定，直到你能在那人的面部表情、全身動作、態度之中清楚看出個性的明顯徵兆，因爲這些徵象都十分重要，而且各自具有其特殊意義。換句話說，要認清此人的所有特徵或是個性標記，蒐集一切你能取得的證據，而不是依據匆忙間的第一印象採取行動，因爲你的判斷是否正確無誤將會影響全局。請再翻回第十四章，重讀關於身體語言的那一節。

人的臉部就像是個告示板；它是內心思維的演出，重要的是要能學會快速而準確判讀人的表情。面部表情、態度、行爲舉止、語言、眼神等等，如同個人特質字母表上的單字，清楚標明那人的個性。

凡是天然、自發、非預謀的，均能指出一個人所具備的某些特質；而且如果那人是假裝、擺擺樣子，你就能撕開他僞裝的面具，斟酌他的所作所爲。

了解對方的生活

要說服認識的人贊同你的想法，要比說服一位陌生人要容易多了。說服力的關鍵之一，就是要能指出你勸別人去做的事對他會有什麼好處。對於陌生人，比如像是潛在的客戶，並不是每一回都能輕易探知他們看重何事。可是對於一起工作的同事或是熟悉的人，你應該早就曉得他們的想法、欲望與態度。

千萬記得，每個人都不一樣，能說服某甲的事情未必能夠對某乙產生影響。設法認識你的員工、同事、其他部門的人，還有和你來往的廠商，把他們當做是獨立的個體對待。你在工作上所接觸到的那些人，在工作之外也有他的人生，而且那些層面對他而言往往要比工作本身更加重要。和同事聊聊他們在工作以外眞正在乎的是什麼事情，就可以讓對方了解到你關心的是他們個人，而不僅只是一名作業員。

談話聊天只是第一步。你並不需要打探他們的私人生活，只需傾聽、投以同理心，觀察對方如何反應，你就能藉此了解許多有關他們怎麼想，實際的個性如何，還有可發揮激勵作用的有哪些層面。

應對有方而圓融可獲致有效說服

處世圓融是追求成功時的最大助力之一。很多著名企業經營者都說，他們得以成功的祕方當中，圓融列名首位，另外三件分別是個性、熱情與生意頭腦。

圓融可讓你能夠通過守衛、門禁和種種障礙，得以進入那唯一的聖地，行事不得體的人無法登堂入室。光有才華無人能識，爲人圓融卻可得到欣賞；身懷絕技被拒絕時，圓融的人卻獲接納；有能力無法得到傾聽時，圓融者卻能有機會發言。

亞力士（Alex）是位很有才華的工程師。他在電腦科學方面的專業無人能及。雖然他對管理階層所做的簡報毫無瑕疵，卻因太過自傲而使得聽眾十分反感。正如某位經理所說，「回答問題的時候，他講話的態度讓我覺得提出這種問題眞是愚蠢極了。」別人說他做事不夠圓融，結果他的反應是：「眞可惜，他們腦子太僵硬聽不懂我講的東西。」

好幾次升遷機會都擦身而過沒有選到亞力士，大家勸他去找高階顧問尋求協助。他花了好幾個星期，才克服把自己想法強加在別人身上而不設法勸說、說服的那種傾向。透過練習以及冥想，就能訓練他的潛意識心智接受以下觀點：光靠個人卓越的知識並不足以得到夢寐以求的職位晉升。這樣一來，他就能接納其他人的弱點，在別人身上找出強處而不是嘲弄別人的先天限制。假以時日，亞力士改變他的人際互動方式，做簡報時更圓融更能考量到其他人的感受，這就助他達成事業上的目標。

克服反對意見讓銷售順利結案

當你把自己的意見和想法告訴別人的時候，很可能有某些層面會受到質疑。把這種狀況當做挑戰，而不要視爲麻煩。銷售員喜歡客戶提出反對意見，這可以協助他們判斷潛在客戶究竟是怎麼想的，並且讓他們可以接收到反對訊息，還增加達成銷售的機會。優秀的銷售員對於可能會提出的反對意見有所預期，也已經做好準備回應這些反對意見。你也應該這麼做。

若你想要說服別人接納某個想法，先研究好別人可能會提出的種種負面意見，還要準備好能夠一一加以反駁，或者說如果反對是有道理的，就得讓對方知道你的意見是優點大過缺點。收集實際資料和數據以便能夠支持你的論點，不過也要顧慮到人心難以捉摸的層面，訴諸情感。正如同對一位業務代表來說，推銷的極致就是得到訂單（終於獲得客戶認同），你的目標就是要讓對方在努力勸說之後接受你的想法，依言而行。

一旦處理過所有的反對意見，就可以結案啦。在進行這最後一個步驟之前，給自己加油打氣：「我知道這是個可靠的點子，而且對公司也有很大助益。我已經做好充分準備，竭盡一切所能，說服老闆接受這個意見。」如此做法可激發你的潛意識心智，強化你的信心，相信自己一定會成功。接下來，大步向前進行結案的步驟。

想要說服別人接受你的意見，最有效率的方法就是請他也來一起評估這點子是好是壞。取一張白紙畫分成兩欄，一邊的上方寫著「反對」，另一邊則是標爲「支持」。先將剛才提出討論過的幾個主要反對意見列在「反對」那一欄。再把之前談到的種種額外優勢列在「支持」那欄。如果你有事先做好準備工作，那麼支持的條目應該比反對意見要多得多。接著這麼說：「這裡所列出幾個可能讓你有所猶疑，而不能接受這個提案的理由，讓我們將這些反對意見與贊成採納的那些理由比較看看，做個判斷。在你看來，是哪一邊比較占優勢呢？」對方的回答一定是支持那方。

一旦雙方都同意你的想法確實可行，接著這麼表示：「既然你贊同這是個好點子，接下來我想談一談要如何將它付諸實現。」

如果你還得再去說服更上一級的主管，才能被採納施行，那就要提議說你很願意幫忙負責簡報。

藉著仔細的準備工作，並且遵循成功銷售人員所用的策略，你就能提出自己的意見、想法並試著說服別人採納，親眼見到這些點子被他人接受、實行，得到極大滿足。

謹記在心

1 **不論是工作上還是生活中的其他層面，往往需要說服別人接受你的想法**。為成功達成上述目標，就必須以銷售員的心態思考。

2 為了要說服別人購買你的商品、服務，或是接受你的意見，**首先你必須吸引他們全神貫注**；要不然，就連你所說的話都無法被聽見。

3 **你必須激起對方的欲望，信服你提出的意見**。如果達成這點，幾乎可以確定你的想法將會被對方接受。為此你得要訴諸情感，打動對方的心而不是打動他的腦袋。

4 不論你是多麼有智慧、多麼有能力，事業上要有所進展，必須**依靠與別人培養出良好的人際**

關係，比如像是老闆、同事、屬下、客戶以及你必須與之相處的其他人。

5 **千萬記得，每個人都不一樣**，能說服某甲的事情未必能夠對某乙產生影響。設法認識你的員工、同事、其他部門的人，還有和你來往的廠商，把他們當做是獨立的個體對待。

6 若你想要說服別人接納某個想法，**先研究好別人可能會提出的種種負面意見**，還要準備好能夠一一加以反駁，或者說如果反對是有道理的，就得讓對方知道你的意見是優點大過缺點。

7 **進行最後一個步驟之前，給自己加油打氣**。如此做法可激發你的潛意識心智，強化你的信心，相信自己一定會成功。

第18章

事業成長

登高之道就是要能緊盯著引導你的那顆星須臾不離。

把你對將來的想像化成具體形象，時時掛記在心中，並且爲它盡一切努力認眞工作。重要的是要讓你在努力付出時，總是有股驅力在背後推動，前方總是有個激勵目標，有個偉大、崇高值得期待的事情引領，可激發你的雄心壯志，滿足你的上進心。

你是否想要比現在更出色、更有成就？是否想變得更崇高、更尊貴？那麼，你就必須放棄恐懼，怨懟，憤恨以及自責。你得要付出，才能有所得。你必須停止負向消極的思考，以便進行建設性的思考。你必須熱愛你想要成爲的那種人，你必須放棄目前這個樣子。你必須願意放走舊的一切，才有機會體驗新的可能。

你會愛上音樂，你會愛上藝術，而且你也能夠愛上法律。你可以坐下來，好好想想何謂健康、幸福、心情平靜、富足、安全、正行、和諧、靈感以及指引。

你可以想像有個事業，不僅在經濟上有所收獲，同時也因從事自己所喜愛、值得的事情而能提供樂趣與滿足。你可以仔細思考這些事，全神貫注、全心投入、全身服膺。你也可以爲之發狂、著迷，心無旁騖、聚精會神；而且你的潛意識將有所回應。當你在心中，在潛意識裡這麼想，你就會成爲那樣的人。你也會因此有所行動，並且將能有所成就。

這和在頭腦裡想事情並不一樣，而是要在心中構思，因爲這些想法必須帶有情感，而且感覺起來眞實不假。你念念不忘的任何思緒，任何意念，都會誘發並激起某種情感反應。若你如此持續不輟，這個想法就會沉潛而灌注到你的潛意識，變得具有強迫性；因此，你就被迫去做、去表現，成爲所設想的那副模樣。

若你的雄心壯志並沒有十分暢旺，只是偶爾發作一下，如果你的野心很容易鬆垮廢弛，你應該盡一切努力重新振作，竭盡所能強化信念。譬如說，如果你是待在大企業，那就立定志向要成爲位高權重的公司主管；要爲最終能成爲公司合夥人做好準備。如此目標十分合理，因爲已有好多人從最底層做起而能實現上述抱負。如此一來，只要想到目前上班那幢大樓的門上掛著自己的大名，就足以提供一個無與倫比的理由，爲之努力不懈；而且，你的名字是否眞的能在那扇房門上並不是那麼重要，因爲你將因此受到充分訓練，準備好迎接其他與之相當或更好的機會。不管發生什麼事，成爲合夥人的雄心以及準備工作，將是你個人的最佳開發劑。

賴瑞（Larry W.）在商場上建立良好名聲以及崇高地位，他從小就養成一個習慣，每天都要誠懇面對自己，照他的說法就是時時把自己「頂」起來，全力發揮，如此逐步實踐所設定的遠大抱負。

賴瑞深信，他的成就有絕大部分要歸功於很小的時候就養成習慣，不斷鞭策自己，一直逼使他要盡可能發揮自己的潛力。據他說，如果沒有時時刻刻緊迫盯著心中的宏大志願，如果不能經常戳它一下爲自個設定好步伐，不出幾個月他就會鬆懈下來，標準降低、精神不濟、思考遲鈍，而且此生都要墮落衰敗。

成功三步驟

成功的首要關鍵步驟就是要找出你喜愛的事情，認眞投入。除非你熱愛這份工作，要不然，即使世上其他人認爲你極有成就而爲之高聲歡呼，你也絕不可能認爲自己算是成功。熱愛工作，就會有一種深切的渴望，想要將它實現。如果你想要成爲一位精神科醫師，取得學位證書掛在牆上還不夠，你會想要跟上這個領域裡的最新趨勢，參加研討會，而且不斷進修，研究人類的心智及其運作。你會造訪其他診所，鑽研最新的科學期刊。換句話說，你會費心盡力確保自己知道能夠減輕人們受苦的最先進技術，因爲你是把患者的利益放在首位。

不過，就在讀到這段話的同時，要是你發現自己還沒有什麼肯定的想法，那該怎麼辦：「我沒法踏出這第一步，因爲我不知道自己想要做什麼。究竟要怎麼樣才能找到一個領域，熱愛而投入？」要是你的情況正是如此，請按照以下方法祈求指引：

「潛意識心智的無盡智慧，請明示我此生的定位何在。」

正面而且親切地對著你的心靈深處，反覆默唸這句話。只要你忠實而信任，持續堅持，答案就會顯現，可能是一股感覺、某種第六感，或是偏往某個方向的趨勢。你要的答案會明明白白展露，平靜之中就像是種內在而不起眼的體悟。

邁向成功的第二步，便是要專攻幾項工作領域，努力精進。假設你選擇的職業是化學，你應該在這個學科眾多的分項之中做一選擇，集中力量，將時間和注意力全都投注於所選的這門專業。你的熱情應該會讓你想要曉得這個領域之中的一切，你應該變得對這份工作極有興趣，而且應該會很想用它造福社會。

最重要的是第三步。你必須確定，想做的事情不僅能夠助你功成名就，你的欲望不能自私，應該有益於人類全體。個人與群體之間必須形成完整的循環路徑。換句話說，你的思考必須出自於造福世界或爲人服務之目的。如果你只爲自己的利益做事，無法完成這個基本的循環。你可能看似成功，然而此生所造成的短小路徑常此以往將會導致侷限或病態。

考慮這三個成功步驟的時候，千萬別忘了潛意識心智的創造力，正是源自其下所隱藏的能量。任何想要追求成功的計畫，都需要這股能量爲後盾。你的思考具有創造力，理性思考結合感性，可成爲一股主觀的信仰或是信念。

運用潛意識心智領先群倫

偉大的德國詩人歌德（Johann Wolfgang von Goethe）遇到困難或阻礙的時候，就會很聰明地運用想像力。根據歌德的傳記所記載，他常常會花上好幾個鐘頭的時間，進行不出聲的想像對話。他會假想有位朋友坐在自己面前，想像這位朋友針對他所提出的問題，給予正確而適當的解答，這期間就像平常一樣帶著手勢以及平常的講話語調。他讓整個想像的場景盡可能栩栩如生，唯妙唯肖。

有位名叫潔芮（Geri P.）的年輕理財顧問讀到這一段，決心要學習歌德的這種方法。她開始進行假想的談話，對象是她所認識的一位百萬富豪，之前還曾經讚許她提出的投資建議十分聰明，而且判斷很有道理。她十分投入這個假想的對話，直到自己在心理上將它固化成潛意識心智內的某種信仰型式。

潔芮的內心對話以及精心設計的假想，果然符合她所追求的目標，也就是爲客戶作出穩健的投資，爲客戶賺錢，親眼看到客戶因她高明的意見而財富增長。如今她仍然在工作上應用自己的潛意識心智，並且在那一行極爲成功。

做出對的決定

成功人士最爲重要的特點，大概就是他們有能力果斷而準確地做出決定，而且有能力將這些決定具體實踐，還能追蹤到底，以確認所做的那些決定爲眼前的問題帶來令人滿意的解答。

這麼多年來，我一直在聽男男女女求我協助他們克服失敗，我發現到，這些人擁有一個共同特徵，那就是在做決定時猶豫不定無法決斷。若是需要解決問題，他們拖拖拉拉、過度小心，而且一旦做下決定，也不能貫徹到底。

上帝賦予人類最棒的恩賜就是能夠自由選擇，分析問題，依據解決方式做決定，並且有能力付諸實現。

湯米（Tommy F.）的職業生涯面臨重大抉擇。他必須決定是否要去找份新的工作。雖然他熱愛目前工作，然而收入並不足夠，而且由於公司生意並不是很好，加薪的機會微乎其微。競爭廠商給他一個職缺，會比現在賺的再多些，而且升遷的機會似乎很高。對方希望馬上得到回覆，可是湯米說服他等到下個星期五才能有回覆。這是個相當好的職缺，再說他需要額外收入。不過，他考慮到現在的老闆之前訓練他，還幫他學會工作上的技能，跳槽到競爭對手的公司對他不怎麼公平。他爲此向上帝禱告，暫時不去想它，心裡很清楚他的潛意識心智會做出正確決定。

果然，星期三的時候，他的老闆請他進辦公室並且告訴他剛才簽了個肥約，打算由他負責主持整件事，薪水大幅提升還有經理級職稱。

湯米堅信這是出自上帝的旨意，該留在原來的公司，而他的潛意識心智避免馬上就答應別人提供的職位，這樣一來才可能得到升遷的機會。

誠實面對自己

莉莎（Lisa F.）覺得她已經夠資格升職加薪，然而她很討厭自己的主管。她覺得，就是這個女人從中作梗，害她不能往上升。她和一位年長而且比較有智慧的朋友談到此事，結果朋友說這是因為她沒能誠實面對自己，把這位女上司捧得高高的，看得比寓居於她身上的造物主還偉大。這種看法毫無道理，正因為她把上司看得比造物主還大，就否定了造物主的無上全能力量。

為了修正這個偏差，莉莎如此起誓：「藉造物主之力，我可以升職、加薪，有成就。」她的潛意識心智及時回應，排斥為了升職失敗而怪罪上司的想法，反而更精進自身力量，改善自己的工作以及心態，最終總算如願得到晉升。

你可以想像自己是個無賴；你可以想像自己像個遊民一樣逃票搭火車。長此以往，你就會變成遊民。然而你也可以想像自己極為成功，想像自己是位偉大的演員；你可以想像自己面對觀眾，讓他們的情緒因爲你的演出而隨之起伏，把你內在的眞實力量展現出來，用莎劇之美豐富聽眾的人生。

有些人會說他們無法成功、不能晉級，全都是因爲他們工作的地方毫無進步的機會，或是因爲公司按照死板僵化的規矩發放薪水。以上種種藉口都未必是眞的。你可以活用心智運作的法則，不僅工作進步而且還能升級。祕訣就是要熱愛你目前所做的事情；不管處在哪個位置都要全力以赴。眞心誠意，態度和藹、親切，心存善念。目光遠大胸懷壯志，目前的工作不過是引領你邁向成功之路的晉身階。認清自己的眞正價値，爲了自己也爲了一天當中遇到的每個人著想，不論是老闆、同事、領班、客戶還是朋友，心中懷抱無比希望。你將可以感受到自己散發出富足與提升，而且這種態度很快就能爲你開啓一扇全新的門扉。

人們一直在問：「要怎樣才能擁有成功人生，改善現在處境，薪水增加，買部新車、買間新房子，還要擁有想要的那麼多金錢，好讓我能放手去做心裡想要做的那些事。」

學會使用自身心智的運作法則，以上種種疑問都將得到解答。因果律、增長律、吸引律；這些心智運作法則就和物理學、化學以及數學的定理一樣，精確運行，如同萬有引力那樣確實不容懷疑。

讓別人認識你

你不能只依靠直屬上司保障自己升職。喬許（Josh K.）是位好員工，上司肯恩（Ken）經常稱讚他的工作，而且常會說要是他退休了，一定會推舉喬許接替他的位子。很不幸，肯恩突然過世，而公司從外面請來一個人領導這個部門，根本沒有考慮到喬許。為什麼呢？公司裡更高層的人甚至不曉得有喬許這號人物，沒人認識他。很多公司內部都有極富能力的人才，可是就像喬許一樣無法脫穎而出，因為沒人認得他們。為了能在職場順利晉升，不但要能讓直屬長官發現你的能力，也得讓其他管理階層的人也看得到你。

增加可見度五招

想要讓別人曉得你多麼有能力、有創意、有才幹，並不需要請個公關顧問來出主意。你可以採取下列五大招數，確保公司裡的其他人認識你：

1 **勇於表達**。出席會議都要積極參與，可別呆呆坐著。不要害怕表達個人意見，或是害怕提出建議。注意：先瀏覽會議流程，預做準備，而且要確定你所提出意見的論證以及其後果。

2 **提供相關情報協助他人**。瓦蘿利（Valerie P.）習慣蒐集業內刊物的剪報，然後分送給那些她覺得會對相關議題感興趣的同事或是經理。藉此她建立好名聲，大家都說她很關心別人的利益，而且這也成爲她能夠在公司裡晉級的重要因素。

3 **志願服務**。別人避之惟恐不及的案子，把它接下來。比爾（Bill M.）自願主持公司一年一度爲「聯合勸募」所籌辦的義賣會。爲了這個案子，他要拜訪公司各個部門，也就讓大部分的部門主管對他有所認識。過沒幾個月，有個部門要擴大營運，其主管就請比爾到新團隊擔任既富挑戰性、薪水又高的職位。

4 **積極參與專業協會**。達琳（Darlene A.）在一間高檔消費品公司的行銷部門任職。在同一個部門裡，還有好幾位年輕的行銷專才，共同競爭升級的機會。她的競爭對手個個才智出眾，也都和達琳一樣畢業自頂尖學府。達琳得要有所表現，才能脫穎而出。

身爲「美國行銷協會」地方分會的成員，她同意加入「議程委員會」。第一個案子就是要爲四月舉行的大會找一位講者，她選的是自家公司的副總。雖然達琳之前不曾和這位經營高層講過話，副總大概也不知道她是什麼來歷，她還是主動提出邀請。副總不但同意，還說他十分榮幸能受邀發表演說。正式會議之前，達琳和副總有兩次機會見面討論當天的議題。開會當天，達琳就在講台上坐在副總旁邊，並擔任引言人。自此之後，達琳就能受到注目重視，而且要比其他競爭者升遷更快。

5 **投稿發表文章**。大部分的貿易刊物都很歡迎該域領的從業人員投稿，談談工作中遭遇的各種狀況。投稿的文章若能被刊登出來，大家就會認識這位作者，不僅是在公司內部，就連業界的其他公司也會注意到。職位上升往往需要換工作，有文章被刊物登出來不僅增添資歷，也讓你有機會得到其他公司的經理以及高階獵人頭公司的賞識。請注意：寄出文章談論目前工作的狀況之前，一定要得到公司有關單位同意，避免違反著作權或涉及法律糾紛。

轉換跑道

有的時候，你會在工作上遇到瓶頸，爲了更上一層樓，你需要在目前公司或外頭另找一個新的職位。你可能需要先降個幾階，以便順利往前邁進。

有些企業領導人並不需要被迫轉換跑道，出於直覺，他們了解到定期換位置有很大助益。杜邦公司（DuPont）的最高層領導愛倫・庫爾曼（Ellen Kullman）離開杜邦某間分公司的高階職位，爲公司新設一個保全產品部門。這動作看似被貶職，因爲她離開高層職位而去擔任新創事業的領導，沒什麼資源而且只有三十名員工。杜邦公司裡有一半的同事以爲她一定是做錯什麼事才會被降職，另一半的人則是認爲她「頭殼壞去了」。然而她絲毫不在意身旁的這些流言蜚語，等到這個新設事業發展成爲年營收五十五億美元的大生意，她曉得自己一開始的選擇正確無誤。對於那些做出困難抉擇、不願停滯在原地，卻面臨阻力的人，庫爾曼給他們的忠告就是：「繼續改造。」

莉茲・史密斯（Liz Smith）在成爲雅芳集團（Avon Products）董事長之前的早期職場生涯，原本是在經營卡夫食品（Kraft Foods）旗下的大品牌Jell-O果凍，此時她卻選擇換到一間新近取得歐洲方面代理權的小型美國進口商。她說，每個人都認爲她瘋了，不過她曉得自己想要在銷售以及全球經銷方面累積歷練，如此出期不意而且不受批評意見左右，她得到所需的寶貴經驗。

所謂的成功，是指在各方向全面增進能力以及本領，以便釋出內在的能量。職位晉升、金錢、談成合約，都是造成以上進展之心智狀態的影像或畫像，以及其實體形狀。

生命就是要有所增添。藉著研究意識以及潛意識心智的運作法則，增添你的財富、能量、智慧、知識以及信仰。肯定自我：「我的優點現在開始席捲而來，源源不絕，毫不厭倦，歡欣而且充裕。」神的富足將會充滿你可感而開放的心靈。

謹記在心

1 **成功的首要關鍵步驟就是要找出你喜愛的事情，認真投入。**除非你熱愛這份工作，要不然，即使世上其他人認為你極有成就而為之高聲歡呼，你也絕不可能認為自己算是成功。

2 **害怕做決定或是畏懼選擇的人，其實就是拒絕承認自己的命運**。

3 **千萬別停止學習**。其中一個方法就是跟上你專業領域的最新進展，確保你的職業生涯長期成功。

4 **現在開始，虔誠而真摯地對著自己反覆唸誦「成功」這個字**。你的潛意識心智會接受這就是真正的你，而且你也會在潛意識的驅使之下邁向成功。

5 **不管處在哪個位置都要全力以赴**。真心誠意，態度和藹、親切，心存善念。目光遠大、胸懷壯志，目前的工作不過是引領你邁向成功之路的晉身階。認清自己的真正價值，為了自己也為了一天當中遇到的每個人著想，不論是老闆、同事、領班、客戶還是朋友，心中懷抱無比希望。你將可以感受到自己散發出富足與提升，而且這種態度很快就能為你開啓一扇全新的門扉。

6 **讓別人認識你**。確保公司裡實際做決策的人曉得你有能力而且樂意出面承擔。重讀一遍文中所列舉的五大步驟，成為亮眼之星。

現在開始行動吧！

MAGIC 017
INK PUBLISHING

潛意識的力量II：職場篇

作　　者　約瑟夫・墨菲 (Joseph Murphy)
譯　　者　柯乃瑜　崔宏立
總 編 輯　初安民
責任編輯　何宇洋
美術編輯　林麗華
校　　對　何宇洋

發 行 人　張書銘
出　　版　INK印刻文學生活雜誌出版有限公司
新北市中和區中正路800號13樓之3
電話：02-22281626
傳眞：02-22281598
e-mail：ink.book@msa.hinet.net
網　　址　舒讀網http：//www.sudu.cc

法律顧問　漢廷法律事務所
劉大正律師
總 代 理　成陽出版股份有限公司
電話：03-2717085（代表號）
傳眞：03-3556521
郵政劃撥　19000691 成陽出版股份有限公司
印　　刷　海王印刷事業股份有限公司

出版日期　2011年10月　初版
ISBN　978-986-6135-56-9

定　價　300元

國家圖書館出版品預行編目資料

潛意識的力量 II, 職場篇 / 約瑟夫・墨菲(Joseph Murphy)著；
柯乃瑜, 崔宏立譯. -- 初版. -- 新北市： INK印刻文學，
2011.10　面；　公分.（Magic；17）
譯自 : Putting the power of your subconscious mind to work : reach new levels of career success using the power of your subconscious mind
ISBN　978-986-6135-56-9（平裝）
1.潛意識 2.職場成功法 3.工作心理學
176.9　　100018808

K INK INK INK INK INK INK
NK INK INK INK INK INK IN
K INK INK INK INK INK INK
NK INK INK INK INK INK IN
K INK INK INK INK INK INK
NK INK INK INK INK INK IN
K INK INK INK INK INK INK
NK INK INK INK INK INK IN
K INK INK INK INK INK INK
NK INK INK INK INK INK IN
K INK INK INK INK INK INK
NK INK INK INK INK INK IN
K INK INK INK INK INK INK
NK INK INK INK INK INK IN
K INK INK INK INK INK INK
NK INK INK INK INK INK IN
K INK INK INK INK INK INK
NK INK INK INK INK INK IN
K INK INK INK INK INK INK
NK INK INK INK INK INK IN
K INK INK INK INK INK INK
NK INK INK INK INK INK IN
K INK INK INK INK INK INK
NK INK INK INK INK INK IN
K INK INK INK INK INK INK

INK